Ciencias de la Naturaleza

4 primaria

más Savia

Con más Savia puedes disfrutar de recursos digitales y de un entorno donde estarás en contacto con tu profesor y con tus compañeros de clase.

Entrar en smmassavia.com es fácil

Escribe en internet la siguiente dirección: sm**massavia**.com

Regístrate e introduce el **número de licencia** que aparece en la página de la izquierda. Solo debes registrarte una vez.

Anota tu identificador y contraseña para que puedas entrar después de haberte registrado.

Si tienes alguna duda, puedes ponerte en contacto con nuestro Centro Integral de Atención al Cliente (CIAC).

ATENCIÓN AL CLIENTE
TEL.: 902 12 13 23 / 912 080 403
clientes@grupo-sm.com
www.grupo-sm.com

sm

Así aprendes con tu libro

1 Tu libro agrupa las unidades que tienen contenidos comunes

De esta manera puedes comprender las relaciones entre las funciones vitales del ser humano.

Con estas primeras actividades vas a sentir curiosidad por estos temas. Vas a darte cuenta de las cosas que ya sabes sobre ellos y de todo lo que te gustaría saber.

4 Te permite trabajar con el apoyo de tus compañeros

Habrá actividades que resolverás en **equipo** para tener más seguridad. Así, poco a poco, trabajando en **equipo** aprenderás mejor a trabajar tú solo. A esta forma de trabajar la llamamos **Aprendizaje cooperativo**.

Hemos puesto iconos en estas actividades:

- G〉 Lo haces todo en grupo.
- I〉G Empiezas tú solo.
- G〉I Empiezas en grupo.

5 Ordena el aprendizaje en 4 momentos clave

Nos activamos	Comprendemos	Aplicamos	Comprobamos lo aprendido
Con actividades que despiertan tu interés y tu curiosidad.	Con textos e imágenes que te ayudan a comprender mejor.	Con actividades para que utilices lo aprendido.	Con actividades para que sepas qué has aprendido y cómo.

2 Te propone metas para saber para qué aprendes

Al inicio de cada grupo de unidades, sabrás qué vas a realizar al final para poner en práctica lo aprendido. Estas actividades se llaman en tu libro **Mejora tu…** Son tareas con las que podrás mejorar tu entorno.

Al comienzo de cada unidad conocerás lo que vas a aprender sobre cada tema en la **ruta de aprendizaje**.

3 Facilita la comprensión de lo que lees y lo que haces

Sabemos que aprendes de muchas maneras diferentes. Por eso, en este libro encontrarás actividades de comprensión lectora, talleres y actividades interactivas en smMasSavia.com.
Son actividades que te harán pensar.

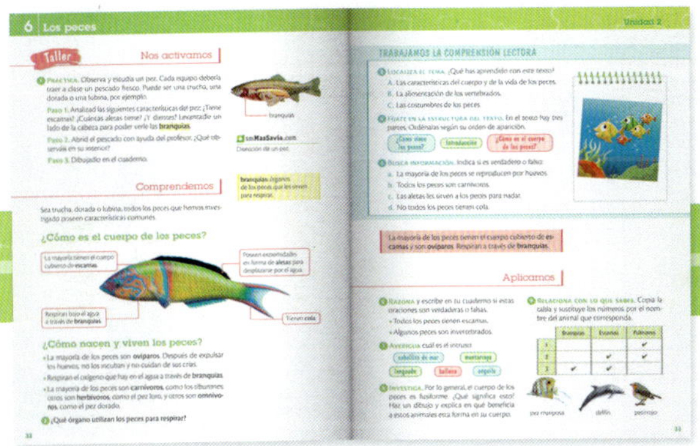

6 Te ayuda a saber cómo has aprendido

Al final de cada unidad y de la tarea, podrás reflexionar sobre:

– Qué has aprendido y cómo has aprendido mejor.

– Con quién has aprendido y cómo te has sentido.

A esto lo llamamos **metacognición**.
Sirve para que poco a poco te conozcas y cada vez puedas aprender mejor.

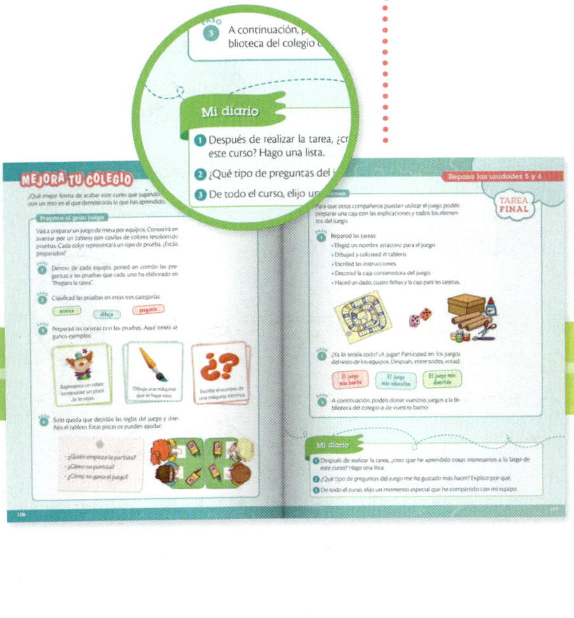

Índice

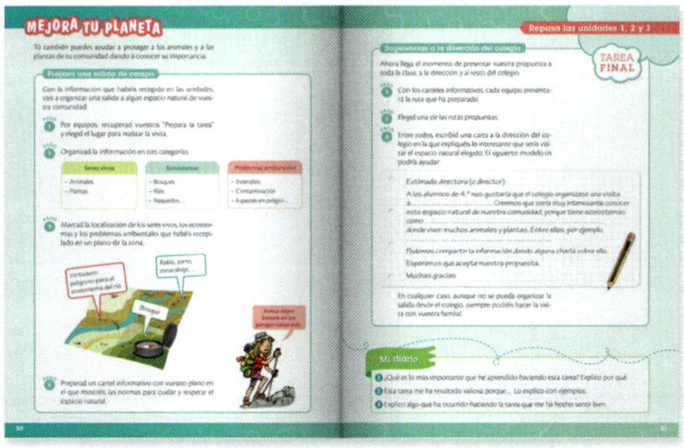

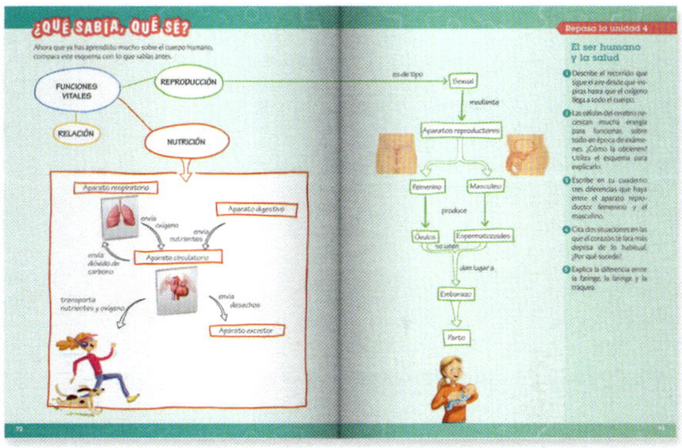

Los seres vivos

1 Empezamos

¡Ponte a pensar! Laura le está enseñando a su hijo Ricardo una fotografía antigua del lugar donde está su casa. En la escena aparecen muchos seres vivos diferentes, como el árbol o la gata. ¿Cuántas formas de clasificarlos se te ocurren?

2 ¡Sabes más de lo que crees!

Busca estos seres vivos en la imagen:

- 1 reptil
- 2 artrópodos
- 1 planta con frutos
- 2 aves

3 Sigue haciéndote preguntas

- ¿Qué tienen en común Ricardo y el árbol?
- ¿Por qué los gorriones tienen pico y los jabalíes tienen hocico?
- ¿Todos los animales se pueden desplazar?
- ¿Por qué crees que ha desaparecido el bosque?

TAREA FINAL

Mejora tu planeta

Al final del bloque prepararás una salida al campo para conocer los ecosistemas de tu comunidad.

1 Los animales invertebrados

En esta unidad, vamos a:

Conocer las características que comparten todos los animales.

¿En qué se parecen un cocodrilo, un escarabajo y un gorrión?

Distinguir los animales invertebrados de los vertebrados.

¿En qué se diferencia una ballena de un pulpo?

Conocer los distintos grupos en que se clasifican los animales invertebrados.

¿Qué tienen en común una lombriz, una mariposa, un caracol, una medusa, una esponja y una estrella de mar? ¿En qué se diferencian?

smMasSavia.com

Lo que ya sé.

Nos activamos

G › I i **1 ENUMERA.** Formad equipos y elaborad una lista en la que incluyáis las características que comparten todos los animales y que los diferencian del resto de los seres vivos.

Una vez realizada, comparad vuestra lista con las de otros equipos y llegad a un acuerdo para obtener una lista única.

Una vez alcanzado el acuerdo, cada uno cita un animal y comprueba si reúne las características de la lista general.

2 REFLEXIONA. Observa las dos escenas que aparecen a continuación. Los animales del paisaje de la costa y los animales del paisaje de la charca se diferencian por una característica muy importante. Esta característica es la que nos permite clasificarlos en dos grandes grupos distintos. ¿Podrías indicar cuál es?

Comprendemos

Acabamos de ver que todos los animales comparten unas características, pero se diferencian en otras, que son las que nos permiten clasificarlos.

Las características de los animales

- Se alimentan de otros seres vivos. Pueden ser herbívoros, carnívoros u omnívoros.
- Casi todos pueden desplazarse.
- Algunos animales, como las arañas, son **ovíparos**. Otros, como los lobos, son **vivíparos**.
- Los animales **vertebrados** tienen un **esqueleto interno**. Los animales **invertebrados** carecen de él.

> ▶ Los **animales** son seres vivos que se alimentan de otros seres vivos. Algunos son ovíparos y otros, vivíparos.
>
> ▶ Los animales que presentan un esqueleto interno formado por huesos se llaman **vertebrados**. Los animales que carecen de ese esqueleto interno son animales **invertebrados.**

Los científicos han identificado más de un millón de especies animales, aunque creen que podría haber varios millones de especies; la gran mayoría, invertebrados.

Aplicamos

3 **COMPARA** una abeja con una paloma mediante un diagrama de Venn. ¿En qué se parecen y en qué se diferencian?

4 **CLASIFICA** los animales que aparecen a continuación según sean vertebrados o invertebrados:

pulpo — escorpión — sapo — avestruz — cangrejo

5 **INVESTIGA.** Entre los animales a veces se establecen curiosas relaciones, incluso entre animales invertebrados y vertebrados. ¿Qué relación se establece entre el pez payaso y la anémona?

2 Los animales invertebrados

Nos activamos

Daniel está confuso. En un documental sobre cangrejos, asegura haber escuchado que estos animales tienen esqueleto. Pero en clase acaban de estudiar que solo los animales vertebrados presentan esqueleto.

G I **1** **REFLEXIONA.** Ayuda a Daniel a resolver su duda. ¿Había un error en el documental? ¿El cangrejo es un animal vertebrado?

Comprendemos

Los **animales invertebrados** no tienen esqueleto interno formado por huesos. Pero muchos de ellos, como los cangrejos, poseen un **esqueleto externo** que los protege.

Además de no tener esqueleto interno, todos los invertebrados son **ovíparos**; es decir, nacen de huevos.

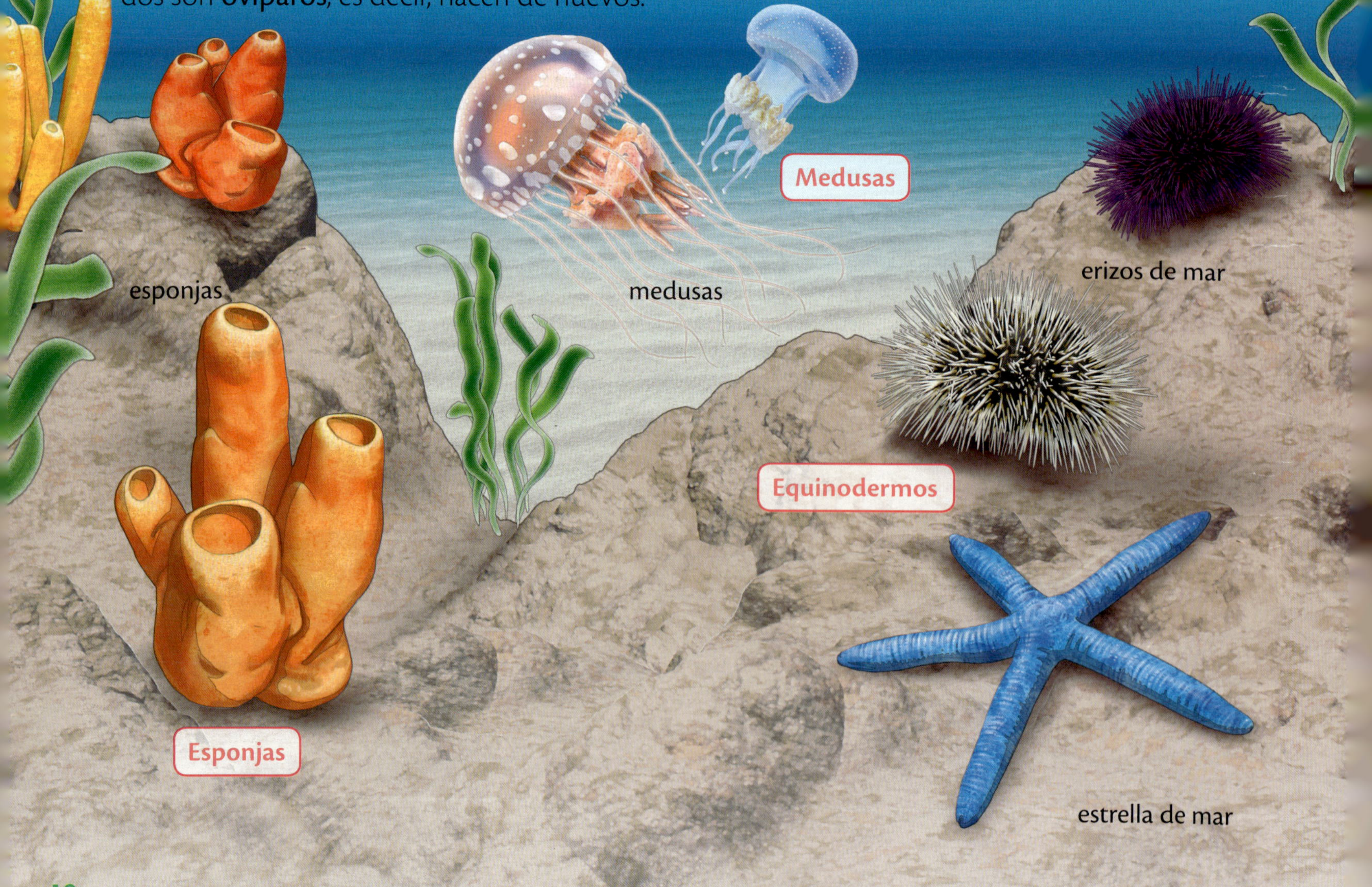

Seis grupos de invertebrados

Los invertebrados se clasifican en seis grupos: las **esponjas**; las **medusas**, como la carabela portuguesa; los **equinodermos**, como la estrella de mar; los **anélidos**, como la lombriz de tierra; los **artrópodos**, como las mariposas, y los **moluscos**, como el pulpo.

- Los animales que **no tienen esqueleto interno** se llaman **invertebrados**.
- Los animales invertebrados se clasifican en seis grupos: **esponjas**, **medusas**, **equinodermos**, **anélidos**, **artrópodos** y **moluscos**.

smMasSavia.com
Clasifica invertebrados.

Aplicamos

2 **Localiza el error** en estas oraciones incorrectas. Después, escríbelas correctamente en tu cuaderno.

a. El caracol es un anélido con concha.

b. El calamar es un animal vertebrado.

3 **Investiga.** Busca información sobre estos invertebrados. Indica a qué grupo pertenecen y dibújalos:

a. Holoturia b. Ofiura c. Sanguijuela

Nos activamos

I G **1** **TRABAJA COMO UN CIENTÍFICO.** Las hormigas son invertebrados artrópodos. Localiza una hormiga y obsérvala con una lupa. Haz un dibujo y describe su cuerpo.

Descubre en la hormiga las características que comparte con el resto de los artrópodos y anótalas. Luego, compara y unifica tu trabajo con el de tus compañeros.

Una cosa segura es que nunca me quedaré en los huesos.

Comprendemos

Una hormiga, una araña y un cangrejo son muy diferentes. A pesar de ello, tienen características comunes que nos permiten agruparlos dentro de los **artrópodos**.

Para saber a qué grupo pertenece un artrópodo, ¡prepárate a contar patas!

Características de los artrópodos

Su cuerpo está **dividido** en partes. Tienen un **esqueleto externo**, que los protege, y **patas articuladas**.

Los artrópodos se clasifican en cuatro grupos: los **insectos**, los **arácnidos**, los **crustáceos** y los **miriápodos**.

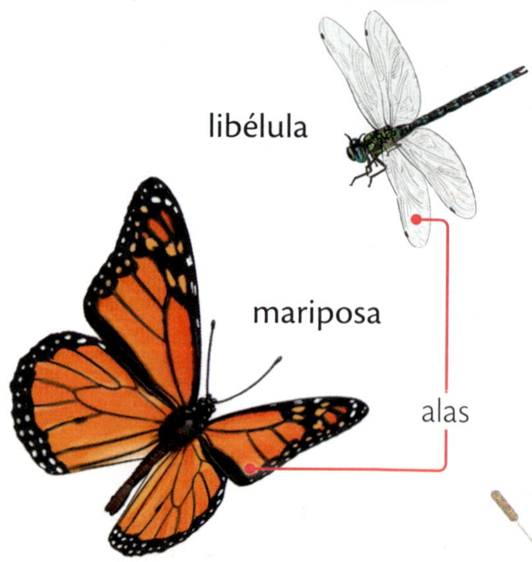

Artrópodos con seis patas: insectos

Conforman el grupo más numeroso de los artrópodos. Su cuerpo está dividido en tres partes: **cabeza**, **tórax** y **abdomen**. Algunos tienen alas, como las moscas, y otros no, como los piojos. Todos poseen **antenas**.

Artrópodos con ocho patas: arácnidos

El cuerpo de los arácnidos está dividido en dos partes: **abdomen** y **cefalotórax**. El cefalotórax es la unión de la cabeza y el tórax. No tienen antenas ni alas. Los escorpiones, las arañas y los opiliones son arácnidos.

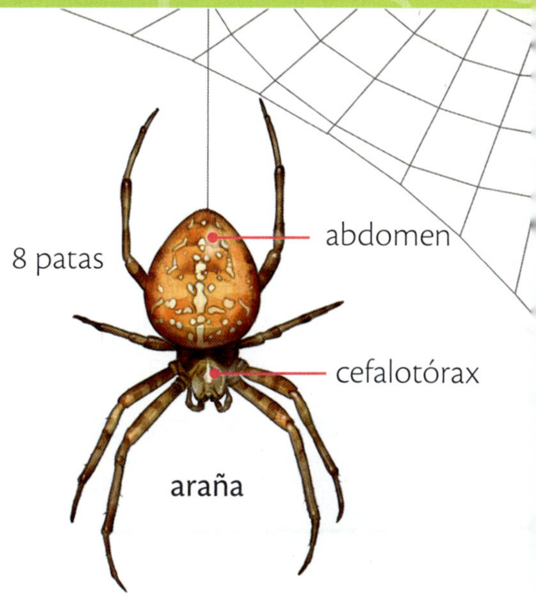

Artrópodos con diez patas: crustáceos

Su cuerpo está dividido en **cefalotórax** y **abdomen**. Tienen dos antenas y no poseen alas. Algunos tienen dos de sus patas en forma de pinza, como los cangrejos.

Artrópodos con más de diez patas: miriápodos

Son animales terrestres. Su cuerpo está dividido en **anillos**. Los ciempiés, como la escolopendra, y los milpiés son miriápodos.

2 **¿Qué diferencias observas entre un escarabajo y un escorpión? ¿En qué se parecen?**

Los invertebrados **artrópodos** se clasifican en **insectos**, **arácnidos**, **crustáceos** y **miriápodos**.

smMasSavia.com

Crea tu propio artrópodo.

Aplicamos

3 **CLASIFICA** en una tabla como esta los animales dibujados en estas páginas. ¿En qué partes de su cuerpo te has fijado para clasificarlos?

Insectos	Arácnidos	Crustáceos	Miriápodos
◆◆◆	◆◆◆	◆◆◆	◆◆◆
◆◆◆	◆◆◆	◆◆◆	◆◆◆

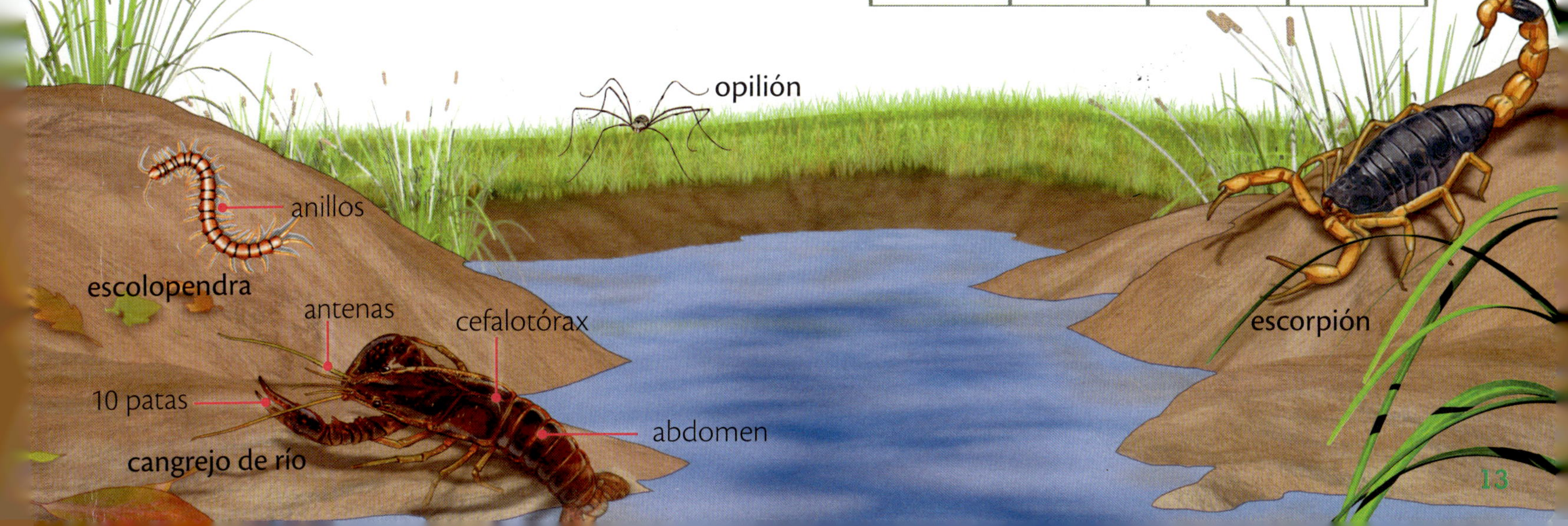

Nos activamos

Jugando en el parque, Esther y su amigo Félix encuentran dos animales. Esther asegura que son dos lombrices de tierra porque son alargados y tienen el cuerpo blando. Félix dice que solo uno es una lombriz, aunque no sabe qué animal es el otro.

1 **REFLEXIONA.** ¿Con quién estás de acuerdo? Explica por qué.

Comprendemos

La lombriz de tierra y la babosa son animales invertebrados, pero no tienen patas articuladas, por lo tanto, no son artrópodos. La lombriz es un anélido, y la babosa, un molusco.

Los moluscos

Los **moluscos** conforman el segundo grupo más numeroso y diverso entre los animales invertebrados, después de los artrópodos. Algunos moluscos son terrestres, como el caracol y la babosa, y otros son marinos, como la ostra y el pulpo.

Aunque parecen muy distintos entre sí, todos los moluscos presentan un **cuerpo blando** y **musculoso**.

Casi todos los moluscos tienen **concha**. Los moluscos con concha se pueden clasificar en tres grupos:

Moluscos con dos conchas

Moluscos con una concha

Moluscos con concha interna

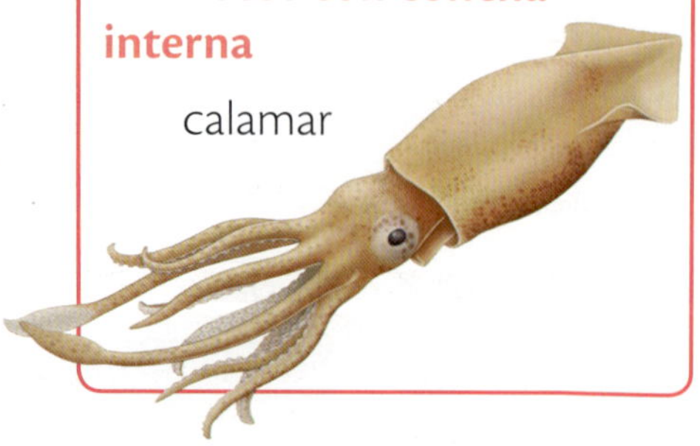

Cuando una materia extraña se introduce en una ostra, esta se defiende produciendo una sustancia que la recubre. De esta manera se forma una perla.

smMasSavia.com

Identifica los moluscos.

Los anélidos

Los **anélidos** son animales invertebrados que carecen de concha. Tienen un cuerpo alargado y blando que casi siempre está formado por **anillos**.

Los anélidos respiran a través de la piel. Por eso deben tenerla siempre húmeda.

Algunos anélidos, como las lombrices de tierra o los ciempiés, viven en el medio terrestre, y otros, como los nereis, viven en el medio acuático.

Existen anélidos que son **parásitos**; es decir, viven dentro de otros animales, se aprovechan de ellos y los perjudican. La tenia es un ejemplo de anélido parásito.

- Los **moluscos** presentan un **cuerpo blando** y **musculoso**. La mayoría están protegidos por conchas.
- Los **anélidos** poseen un cuerpo alargado y casi todos están divididos en **anillos**.

Aplicamos

2 **INVESTIGA.** El ser vivo de la fotografía es una sanguijuela. ¿Crees que es un molusco o un anélido? Escribe una ficha en la que incluyas sus características más importantes.

3 **REFLEXIONA.** ¿Todos los invertebrados que tienen concha son moluscos? ¿Todos los moluscos tienen concha?

4 **LOCALIZA EL ERROR** en estas oraciones y corrígelas en tu cuaderno.

a. Los anélidos son animales marinos.

b. La lombriz de tierra tiene patas articuladas.

Nos activamos

La madre de Álvaro es muy aficionada al submarinismo. En su última inmersión ha hecho unas fotografías muy llamativas a varios seres vivos. Se las ha enseñado a su hijo y le ha preguntado si sabe de qué seres vivos se trata.

1 **Reflexiona.** ¿Podrías ayudar a Álvaro e indicar si se trata de plantas o de animales? ¿A qué grupo pertenecen?

Comprendemos

Las tres fotografías corresponden a animales invertebrados: una esponja, una medusa y un erizo de mar.

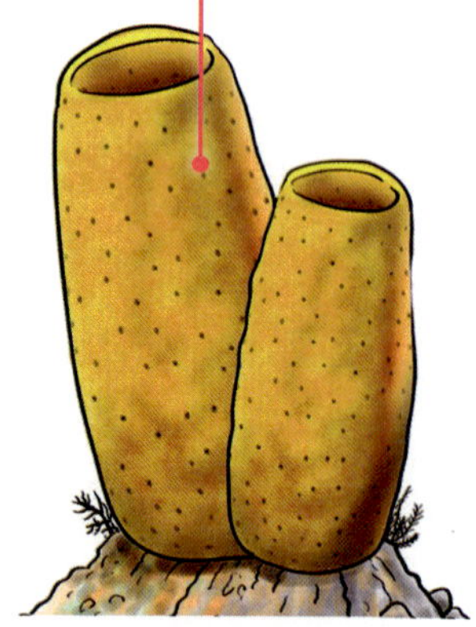

Las esponjas

El cuerpo de las esponjas está lleno de pequeños agujeros o poros a través de los cuales entra el agua del mar. Así, toman del agua las sustancias que necesitan para alimentarse. Las esponjas viven **fijas** e **inmóviles** en el fondo del mar.

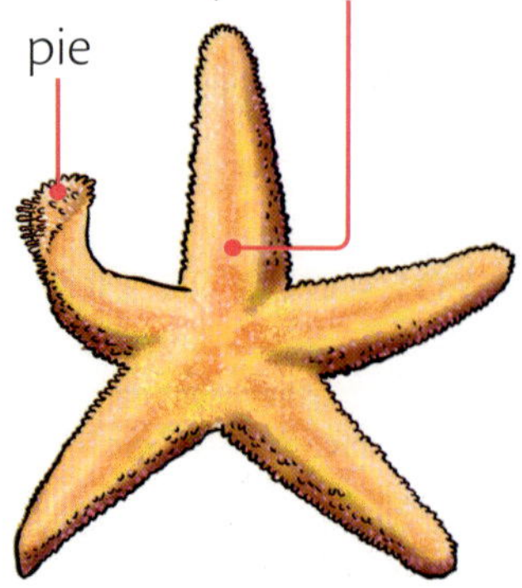

Los equinodermos

El cuerpo de los equinodermos está cubierto por una especie de **placas duras**. Posee una serie de prolongaciones que reciben el nombre de **pies** y les sirven para desplazarse. Viven en el fondo del mar. Las estrellas y los erizos de mar pertenecen al grupo de los equinodermos.

2 ¿Cómo obtienen el alimento las esponjas?

Las medusas

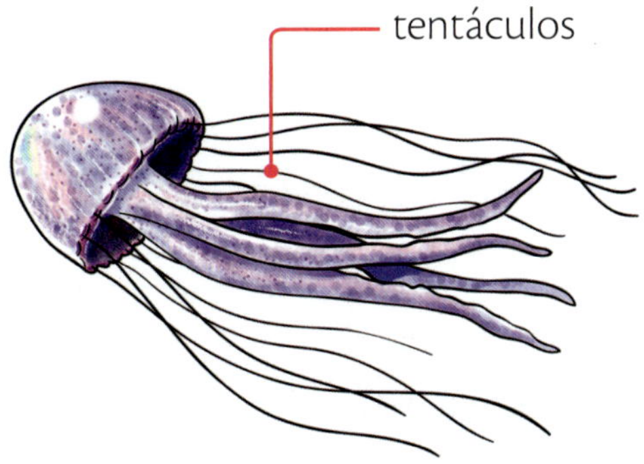

Las medusas son invertebrados que tienen el cuerpo **gelatinoso** y en forma de campana. Del cuerpo les cuelga una especie de péndulo, donde se encuentra la **boca**, que puede estar rodeada por **tentáculos** venenosos. Este veneno les sirve para cazar a sus presas. Se desplazan por el agua de ríos y mares.

TRABAJAMOS LA COMPRENSIÓN LECTORA

3 LOCALIZA EL TEMA. El texto trata de tres animales con una característica común. ¿Cuál de las siguientes es?

A. Viven en el fondo del mar.

B. Son invertebrados.

C. Utilizan su veneno para alimentarse.

4 BUSCA INFORMACIÓN. De los animales que se mencionan en el texto, ¿cuál es el que no aparece representado con un dibujo?

5 FÍJATE EN LA FORMA DEL TEXTO. ¿Por que crees que va acompañado de ilustraciones? ¿Lo entenderías igual sin ellas?

- Las **esponjas** tienen el cuerpo cubierto de **poros**.
- Las **medusas** tienen un cuerpo **gelatinoso** y muchas de ellas poseen **tentáculos**.
- Los **equinodermos** tienen el cuerpo cubierto de **placas** y se valen de una especie de **pies** para desplazarse.

Taller — Aplicamos

6 CONSTRUYE con plastilina un animal invertebrado de cada grupo.

Elabora una ficha con los datos más importantes de cada uno de ellos. Puedes utilizar fotos. Luego, expón tus seis animales ante tus compañeros.

COMPROBAMOS LO APRENDIDO

1 REPASA lo aprendido en la unidad con este esquema.

LOS ANIMALES

- sus características son
  - Se alimentan de otros organismos

  - Casi todos pueden desplazarse

- pueden ser
  - Herbívoros
  - Carnívoros
  - Omnívoros
  - Ovíparos
  - Vivíparos
- Vertebrados

- Invertebrados
  - se clasifican en
    - Esponjas

    - Medusas

    - Anélidos

    - Equinodermos

    - Moluscos

    - Artrópodos

2 DEDUCE. Un animal invertebrado tiene menos de once patas, el cuerpo dividido en dos partes y no tiene antenas. ¿Qué animal es?

a. Una mariposa.
b. Una araña.
c. Un cangrejo.
d. Un ciempiés.

3 PREPARA LA TAREA. Investiga qué espacios naturales hay en tu comunidad. Elige uno y averigua qué invertebrados lo habitan y si alguno está en riesgo de desaparición.

4 CLASIFICA los siguientes animales invertebrados.

escorpión · pulga · gamba · sepia · erizo de mar · percebe · libélula

5 DIBUJA en tu cuaderno un artrópodo de cada uno de los cuatro grupos que existen.

6 **COMPARA** y señala las características que tienen en común una hormiga, un caracol y una lombriz. Utiliza un diagrama de Venn.

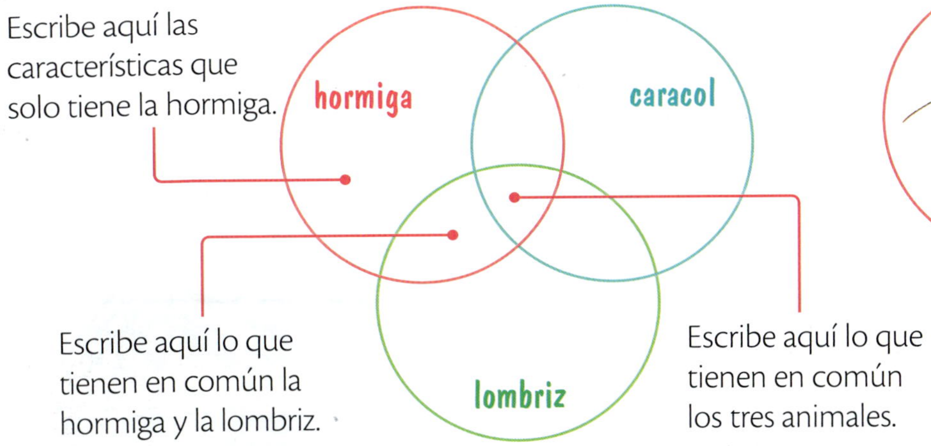

7 **LOCALIZA EL ERROR.** Corrige los errores que haya en las siguientes oraciones:

a. Todos los animales pueden moverse.

b. Casi todos los invertebrados son vivíparos.

c. Todos los moluscos tienen concha.

d. Todos los insectos son artrópodos.

i **8** **INVESTIGA.** Andrea ha encontrado un animalillo muy curioso en el jardín. Tiene alas, diez patas y dos antenas. Su madre le ha dicho que es una cochinilla de la humedad, pero Andrea nunca lo ha visto. ¿Podrías ayudarle? Busca información acerca de este animal y elabora una ficha en la que incluyas sus características más importantes.

Mi diario

1 ¿Hay algo nuevo que he aprendido sobre los animales invertebrados?

2 ¿Cuándo aprendo mejor en clase? ¿Por qué?

3 Me gusta mucho cuando en clase pasa… Intento explicar por qué.

smMasSavia.com | Autoevaluación.

2 Los animales vertebrados

Conocer las características que comparten los animales vertebrados.

¿En qué se parecen una ardilla, un lagarto y un loro?

Clasificar los animales vertebrados.

¿A qué grupo de vertebrados pertenece la lechuza?, ¿y el lenguado? ¿Pondrías en el mismo grupo a una rana y a un camaleón?

Conocer las características más importantes de cada grupo de vertebrados.

¿Cómo nace un oso panda?, ¿y un avestruz? ¿Cómo respiran las ballenas?, ¿y los tiburones? ¿Qué come un leopardo?, ¿y un colibrí?

smMasSavia.com

Lo que ya sé.

1 Los vertebrados

Nos activamos

Si te fijas en la estructura que sirve de soporte a un edificio, observarás que está formada por vigas de acero.

G I 1 **Compara.** El esqueleto que puedes ver a continuación pertenece a un tigre. Al igual que sucede con los humanos, está formado por huesos. ¿Qué función tienen en común la estructura del edificio y el esqueleto del tigre? Explícalo.

2 **Reflexiona.** El cerebro, el corazón y los pulmones son tres de los órganos más importantes. ¿Cómo se protegen?

3 **Deduce.** Como hemos visto, la estructura del edificio y el esqueleto del tigre comparten funciones, pero los diferencia una característica muy importante. ¿Sabrías decir de qué se trata? **Pista:** ¿se puede mover el edificio?

4 **DEDUCE.** ¿Existe alguna relación entre la forma de un animal y su esqueleto? Explica tu respuesta.

5 **RELACIONA** en tu cuaderno cada uno de los dibujos de los esqueletos con los términos que correspondan.

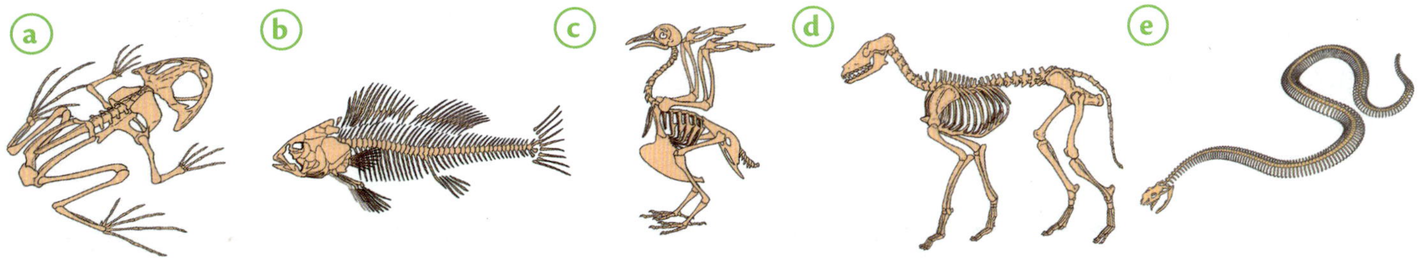

Gaviota — Rana — Oveja — Salmón — Serpiente

Mamífero — Ave — Reptil — Anfibio — Pez

6 **RELACIONA** y clasifica estos cinco animales vertebrados mediante la clave dicotómica.

1
- Su cuerpo está cubierto de pelo .... Es un **mamífero.**
- No tiene pelo en el cuerpo .... Ir a **2**

2
- Su cuerpo está cubierto de plumas .... Es un **ave.**
- No tiene plumas en el cuerpo .... Ir a **3**

3
- Su piel está cubierta de escamas .... Ir a **4**
- Su piel no tiene escamas .... Es un **anfibio.**

4
- Respira por pulmones .... Es un **reptil.**
- Respira por branquias .... Es un **pez.**

salamandra

carpín dorado

ratón

petirrojo

camaleón

7 **REFLEXIONA.** ¿Existe algún animal con alas y plumas, pero que no pueda volar? ¿Cómo se desplaza? ¿Tiene patas? ¿Nace de huevos o del vientre de su madre?

Comprendemos

Los animales vertebrados se caracterizan por la presencia de un **esqueleto interno** formado por **huesos**.

El esqueleto tiene la función de **sostener el cuerpo** y **proteger algunos órganos internos** importantes, como el cerebro y el corazón. Además, permite el movimiento.

La **columna vertebral** es una estructura formada por la unión de unos huesos llamados **vértebras**.

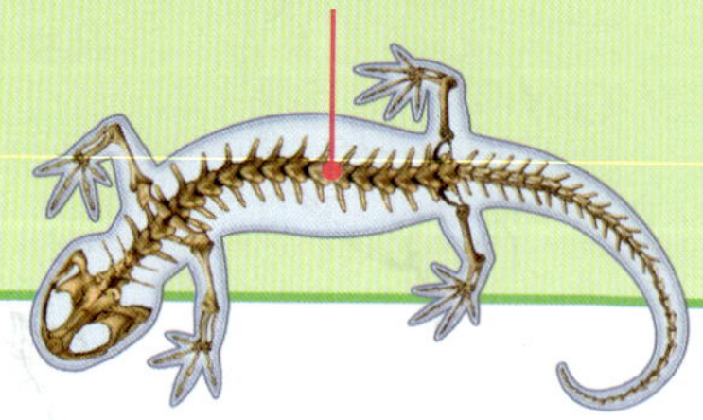

Las características de los vertebrados

- El cuerpo de los animales vertebrados consta de **cabeza** y **tronco**. Algunos presentan **extremidades** y **cola**. Las extremidades pueden ser **patas**, como en el caso del león; **aletas**, como en la sardina, o **alas**, como sucede con el ruiseñor.

  La mayoría de los vertebrados tienen el cuerpo cubierto: los mamíferos, de **pelo**; las aves, de **plumas**, y los reptiles y los peces, de **escamas**. Los anfibios tienen la piel desnuda.

- En cuanto al tipo de alimentación, los vertebrados pueden ser **herbívoros**: se alimentan de plantas, como la cebra; **carnívoros**: se alimentan de otros animales, como la garza, y **omnívoros**: se alimentan de plantas y otros animales, como sucede con el pez payaso.

- En lo que respecta al modo de reproducción, los vertebrados pueden ser **vivíparos**: nacen del vientre de su madre, como el conejo, u **ovíparos**: nacen de huevos, como el avestruz.

Clasificación de los vertebrados

Los animales vertebrados se clasifican en cinco grupos.

- Los animales **vertebrados** presentan un **esqueleto interno** formado por **huesos**.
- Los animales vertebrados se clasifican en cinco grupos: **peces**, **anfibios**, **reptiles**, **aves** y **mamíferos**.

El ornitorrinco es un mamífero ovíparo.
A pesar de nacer de huevos, las crías se alimentan de la leche que segregan las mamas de las hembras.

Aplicamos

8 INVESTIGA. Los animales que se mencionan a continuación tienen el cuerpo cubierto de escamas. Fíjate en sus nombres e indica a qué grupo de vertebrados pertenece cada uno.

armadillo · caimán · pangolín · trucha

¿Cuál de ellos es el animal de la imagen de la derecha? Elabora una ficha sobre su modo de vida.

9 DEDUCE. ¿Todos los vertebrados acuáticos respiran por branquias? Justifica tu respuesta con varios ejemplos.

Nos activamos

G I **1** **COMPARA** la orca con el tiburón. Los dos se parecen mucho. Son animales vertebrados, viven en el mar y son carnívoros, pero pertenecen a grupos distintos. Observa la escena y llega a un acuerdo con tu compañero sobre la diferencia principal entre la orca y el tiburón.

Comprendemos

El tiburón y la orca alimentan de forma diferente a sus crías. La orca les da de mamar y el tiburón no lo hace. Por lo tanto, la orca es un mamífero.

Los murciélagos son los únicos mamíferos voladores.

¿Cómo es el cuerpo de los mamíferos?

- Los mamíferos disponen de **mamas**. Las mamas de las hembras producen leche para alimentar a sus crías.
- Su boca tiene **dientes** y **labios**.
- La gran mayoría tienen el cuerpo cubierto de **pelo**.
- Disponen de **cuatro extremidades**. Los terrestres tienen **patas**; los acuáticos, **aletas,** y los voladores, **alas**.
- La mayoría de los mamíferos poseen **cola**.

2 **¿Qué tipo de extremidades pueden tener los mamíferos? ¿De qué depende que tengan unas u otras?**

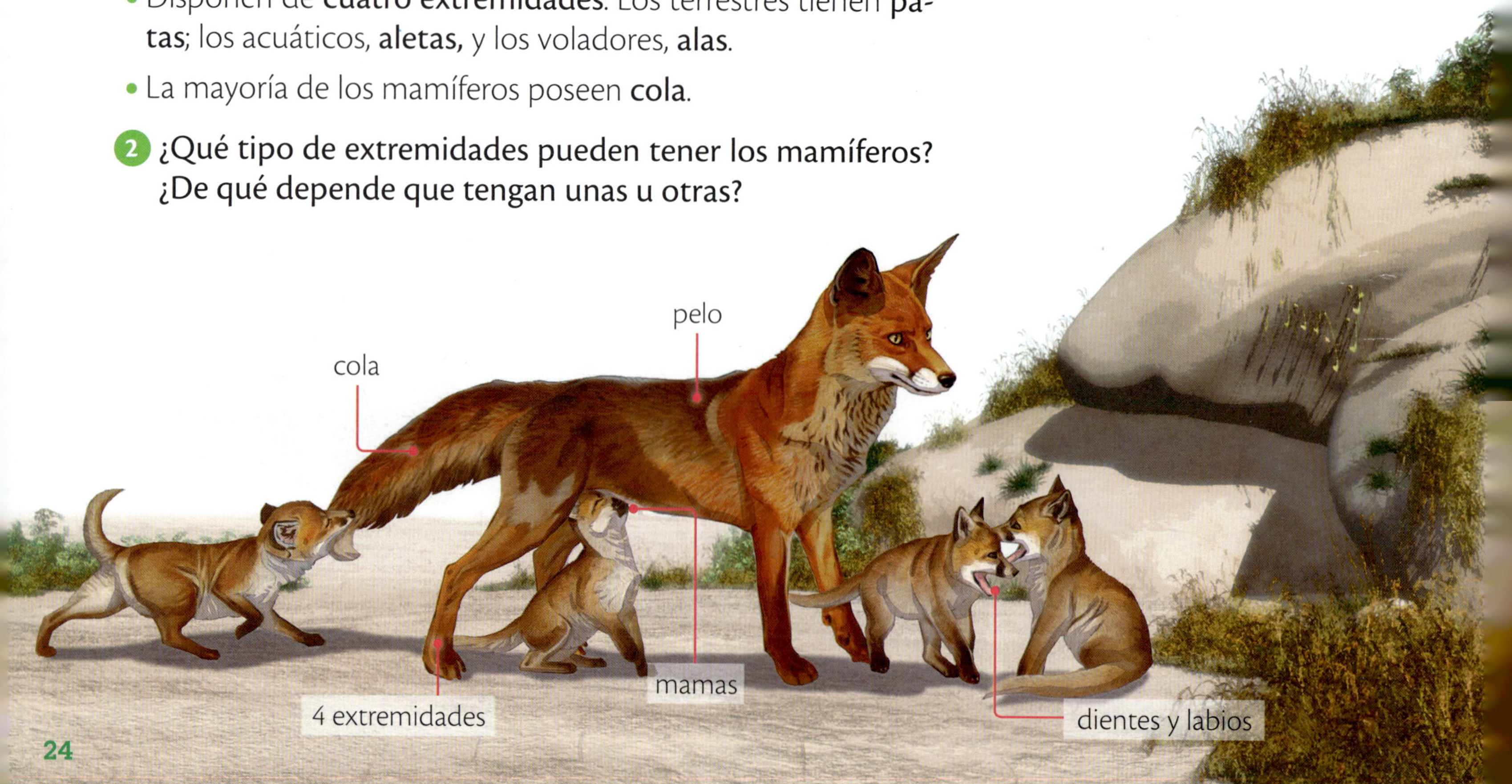

¿Cómo nacen y viven los mamíferos?

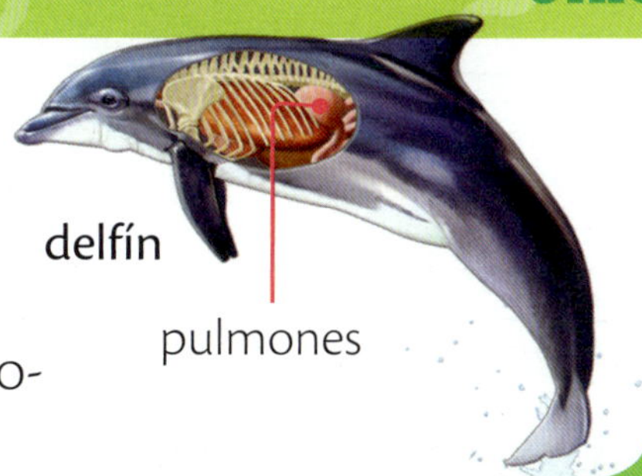

- Casi todos los mamíferos son **vivíparos**; es decir, se desarrollan dentro del vientre de su madre.
- Todos respiran a través de **pulmones**.
- Los mamíferos pueden ser **carnívoros**, **herbívoros** u **omnívoros**, según su tipo de alimentación.

Los mamíferos acuáticos suben a la superficie para respirar.

3 ¿De qué se alimentan los mamíferos al nacer?

Los **mamíferos** son **vivíparos** y **maman** después de nacer. Tienen el cuerpo cubierto de **pelo** y respiran a través de **pulmones**.

Aplicamos

4 **Clasifica** seis mamíferos en tu cuaderno según su alimentación. Puedes utilizar fotografías. ¿En qué columna te colocarías tú?

Carnívoros	Omnívoros	Herbívoros
◆◆◆	◆◆◆	◆◆◆

5 **Elabora** una ficha sobre el mamífero que más te llame la atención.

6 **Mi pregunta estrella.** Piensa y escribe preguntas sobre cuestiones que tengan relación con los mamíferos y que te interesaría conocer. Compáralas con las de tus compañeros.

7 **Investiga.** El equidna es un mamífero ovíparo. Busca información sobre este animal y anota las características que tiene como mamífero.

Nos activamos

¡Los científicos han encontrado restos de dinosaurios con alas y plumas!

Con este descubrimiento, los científicos han llegado a una asombrosa conclusión. ¡Las aves son descendientes de algunos dinosaurios!

dinosaurio con plumas

1 **DEBATE.** ¿Crees que esta noticia es real? Para comprobarlo, busca "dinosaurios con plumas" en Internet. Una vez tengas la información, coméntala con tus compañeros.

Comprendemos

smMasSavia.com

¿Cómo son las aves?

Las aves descienden de algunos dinosaurios, pero desde entonces han cambiado enormemente.

La forma del pico de las aves varía según el tipo de alimento que consumen.

¿Cómo es el cuerpo de las aves?

- Las aves tienen el cuerpo cubierto de **plumas** para protegerse del frío y de la lluvia.
- Poseen **cuatro extremidades.** Las delanteras son **alas** y las traseras son **patas** cubiertas de escamas. Utilizan las alas para volar, aunque algunas, como los kiwis o los pingüinos, no vuelan.
- Todas las aves tienen **cola**.
- Su boca tiene forma de **pico** y carecen de **dientes**.

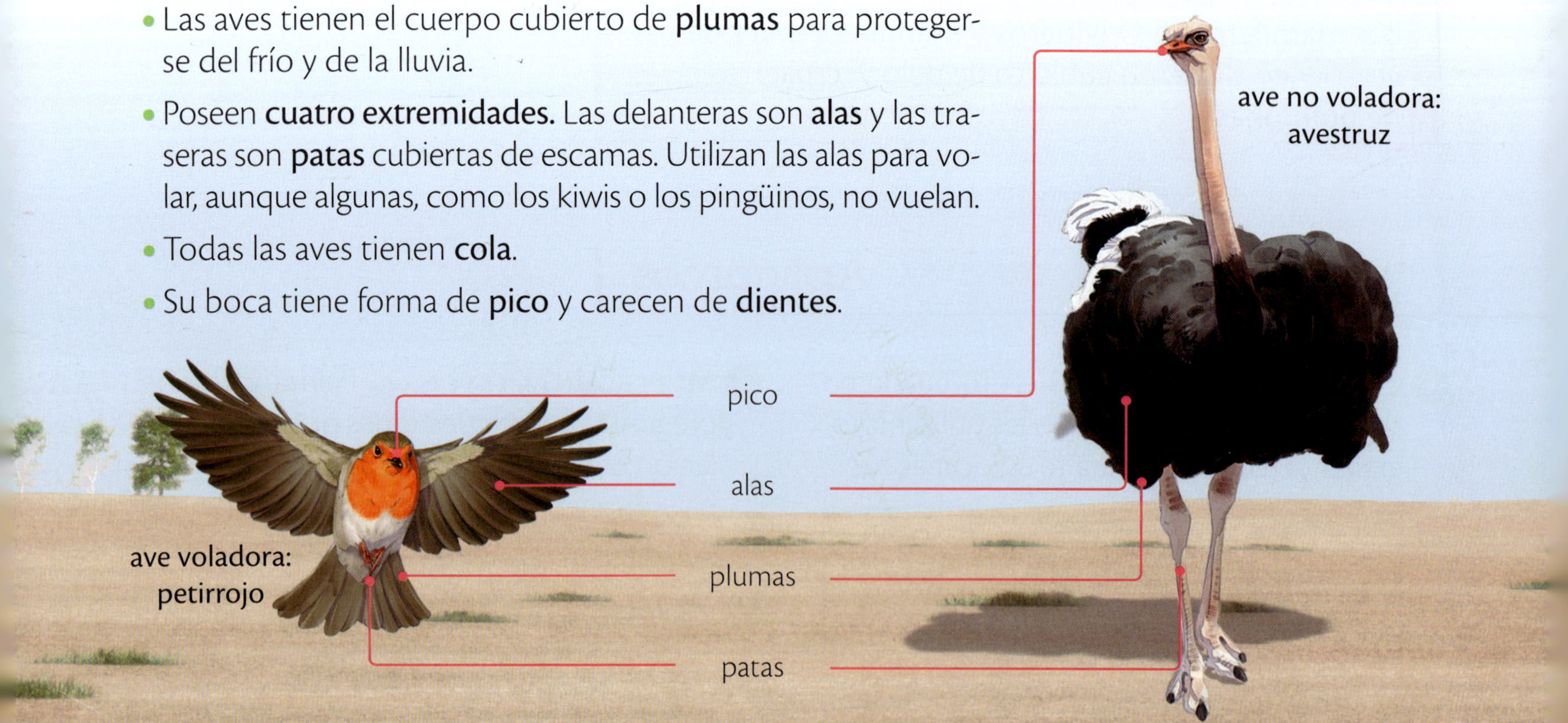

2 **¿Para qué les sirven las extremidades a las aves?**

¿Cómo nacen y viven las aves?

- Las aves son **ovíparas**, es decir, nacen de los huevos que pone la madre. La mayoría de las aves **incuban sus huevos** y cuidan de sus crías cuando nacen.
- Respiran a través de **pulmones**.
- Algunas aves son **carnívoras**, como el martín pescador. Otras son **herbívoras**, como el canario. Y otras son **omnívoras**, como el avestruz y el petirrojo.

3 ¿Qué hacen las aves después de poner los huevos?

Las **aves** tienen **plumas**, **pico** y **alas**. Son **ovíparas** y respiran mediante **pulmones**.

incuban sus huevos: mantienen los huevos a una temperatura de calor constante.

Aplicamos

4 **CLASIFICA** en la tabla las aves de esta página según su tipo de alimentación.

Herbívoras	Carnívoras	Omnívoras
◆◆◆	◆◆◆	◆◆◆

5 **COMPARA** Compara las aves y los mamíferos. ¿En qué se parecen? ¿En qué se diferencian? Copia y completa el diagrama inferior. Tras contrastar con tu compañero, revisadlo con otra pareja.

4 Los reptiles

Nos activamos

¿Por qué crees que algunas personas les tienen miedo a las serpientes o a cualquier otro reptil?

Hay reptiles enormes, como el cocodrilo. Otros son muy pequeños, como el camaleón. Sin embargo, todos pertenecen al mismo grupo. ¿Adivinas qué comparten todos ellos?

I G **1** **Explica.** En tu equipo, completad esta idea: *Todos los reptiles…* Uno de vosotros se lo explicará al resto de la clase.

Comprendemos

Todos los reptiles se desplazan **reptando**, de ahí su nombre. Algunos de ellos son venenosos, como por ejemplo la cobra, y suponen un gran peligro.

reptando: rozando la tierra con el cuerpo.

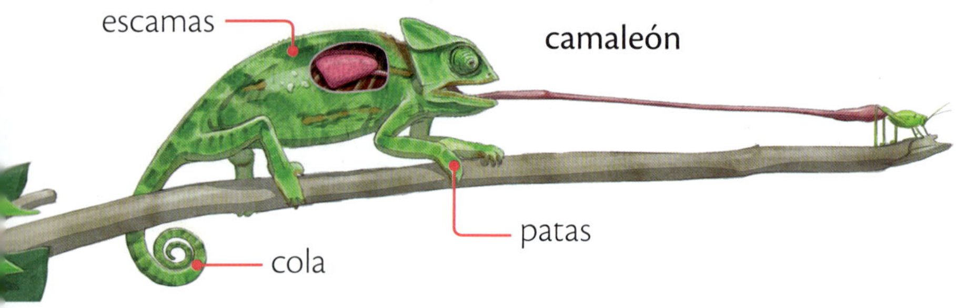

¿Cómo es el cuerpo de los reptiles?

- Tienen la piel cubierta de **escamas**. Algunos poseen un **caparazón** que protege su cuerpo, como es el caso de la tortuga.
- Algunos reptiles tienen **cuatro patas** cortas, como ocurre con las lagartijas. Otros carecen de ellas, como las serpientes.
- Casi todos los reptiles tienen **cola**.

¿Cómo nacen y viven los reptiles?

- La mayoría de los reptiles son **ovíparos**. No incuban sus huevos ni cuidan de sus crías.
- Todos los reptiles respiran a través de **pulmones**.
- La mayoría de los reptiles son **carnívoros**, como los cocodrilos. Algunos son **herbívoros**, como las iguanas.

Algunos reptiles, como la boa constrictor, son **vivíparos**.

Los reptiles tienen el cuerpo cubierto de **escamas** y **reptan para desplazarse**. Respiran a través de **pulmones.** La mayoría son **ovíparos.**

Aplicamos

2 **IDENTIFICA.** Utiliza una clave para identificar los reptiles de la página anterior. Completa la clave con tu compañero y después cópiala en tu cuaderno.

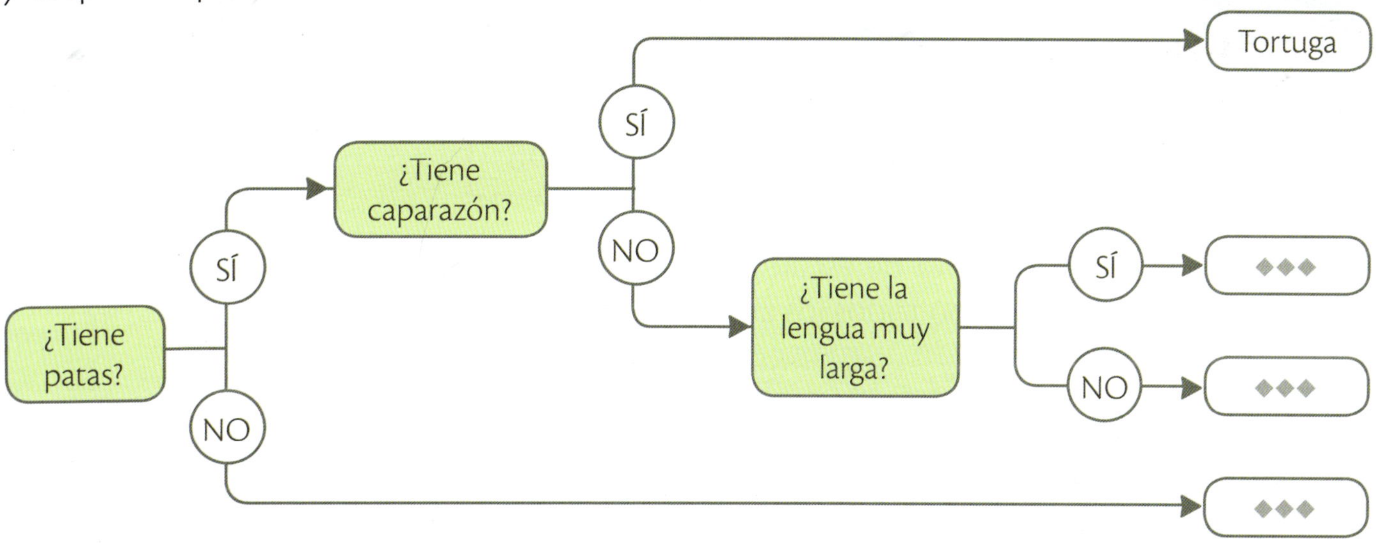

3 **VALORA.** La tortuga Carey es una especie de tortuga marina que está en peligro de extinción. ¿Cómo es posible, si en cada nido ponen unos ciento treinta huevos?

Cuando las tortuguitas salen de los huevos corren hacia el mar. Antes de llegar al agua, muchas son capturadas por cangrejos y pájaros. Investiga qué otros peligros amenazan a estas tortugas marinas cuando ya están en el agua.

¿Qué puedes hacer tú para ayudar a salvarlas? Escribe una propuesta y cuéntasela a tus compañeros.

Nos activamos

Si te fijas, verás que un tritón se parece mucho más a un lagarto que a un sapo. Pero ¿qué notarías si tocases su piel?

1 **Observa.** Busca una pista en esta imagen y contesta.

Comprendemos

El lagarto tiene la piel cubierta de escamas. El tritón tiene la piel desnuda y húmeda, como todos los anfibios.

smMasSavia.com

Descubre cómo son los anfibios.

¿Cómo son los anfibios adultos?

- Tienen la piel **húmeda** y **desnuda**, es decir, no está cubierta de pelo, plumas ni escamas.
- Disponen de **cuatro extremidades**. Algunos tienen **cola**, como las salamandras y los tritones.

¿Cómo nacen y viven los anfibios?

- Los anfibios son **ovíparos** y ponen los huevos en el agua.
- Respiran a través de **pulmones** y también a través de su **piel** cuando está húmeda.
- Casi todos los anfibios son **carnívoros**. Se alimentan de pequeños invertebrados, como insectos y arañas.

La metamorfosis

Los anfibios sufren una serie de cambios hasta llegar a la edad adulta. Este proceso recibe el nombre de **metamorfosis**.

2 ¿Cómo se llama la cría de la rana? Indica dos de los cambios que sufre durante su desarrollo.

- Los anfibios tienen la **piel húmeda** y **desnuda**. Son **ovíparos**. Respiran a través de **pulmones** y de la **piel húmeda**.
- Son el único grupo de vertebrados que sufre **metamorfosis**.

Aplicamos

I G **3** **Llega a una conclusión.** ¿Os gustaría tener un anfibio como animal de compañía? ¿Qué grupos de vertebrados os gustan más? Llegad a un acuerdo dentro de vuestro equipo.

Opiniones de cada miembro del equipo → Puntos de acuerdo / Puntos de desacuerdo → Discutid y votad → Acuerdo final

Taller

Nos activamos

1 **PRACTICA.** Observa y estudia un pez. Cada equipo debería traer a clase un pescado fresco. Puede ser una trucha, una dorada o una lubina, por ejemplo.

Paso 1. Analizad las siguientes características del pez: ¿Tiene escamas? ¿Cuántas aletas tiene? ¿Y dientes? Levantadle un lado de la cabeza para poder verle las **branquias**.

Paso 2. Abrid el pescado con ayuda del profesor. ¿Qué observáis en su interior?

Paso 3. Dibujadlo en el cuaderno.

smMasSavia.com

Disección de un pez.

branquias: órganos de los peces que les sirven para respirar.

Comprendemos

Sea trucha, dorada o lubina, todos los peces que hemos investigado poseen características comunes.

¿Cómo es el cuerpo de los peces?

¿Cómo nacen y viven los peces?

- La mayoría de los peces son **ovíparos**. Después de expulsar los huevos, no los incuban y no cuidan de sus crías.
- Respiran el oxígeno que hay en el agua a través de **branquias**.
- La mayoría de los peces son **carnívoros**, como los tiburones; otros son **herbívoros**, como el pez loro, y otros son **omnívoros**, como el pez dorado.

2 ¿Qué órgano utilizan los peces para respirar?

TRABAJAMOS LA COMPRENSIÓN LECTORA

3 LOCALIZA EL TEMA. ¿Qué has aprendido con este texto?

A. Las características del cuerpo y de la vida de los peces.

B. La alimentación de los vertebrados.

C. Las costumbres de los peces.

4 FÍJATE EN LA ESTRUCTURA DEL TEXTO. En el texto hay tres partes. Ordénalas según su orden de aparición.

¿Cómo viven los peces? | Introducción | ¿Cómo es el cuerpo de los peces?

5 BUSCA INFORMACIÓN. Indica si es verdadero o falso:

a. La mayoría de los peces se reproducen por huevos.

b. Todos los peces son carnívoros.

c. Las aletas les sirven a los peces para nadar.

d. No todos los peces tienen cola.

La mayoría de los peces tienen el cuerpo cubierto de **escamas** y son **ovíparos**. Respiran a través de **branquias**.

Aplicamos

6 RAZONA y escribe en tu cuaderno si estas oraciones son verdaderas o falsas.

- Todos los peces tienen escamas.
- Algunos peces son invertebrados.

7 AVERIGUA cuál es el intruso:

caballito de mar | mantarraya | lenguado | ballena | anguila

8 INVESTIGA. Por lo general, el cuerpo de los peces es fusiforme. ¿Qué significa esto? Haz un dibujo y explica en qué beneficia a estos animales esta forma en su cuerpo.

9 RELACIONA CON LO QUE SABES. Copia la tabla y sustituye los números por el nombre del animal que corresponda.

	Branquias	Escamas	Pulmones
1			✔
2		✔	✔
3	✔	✔	

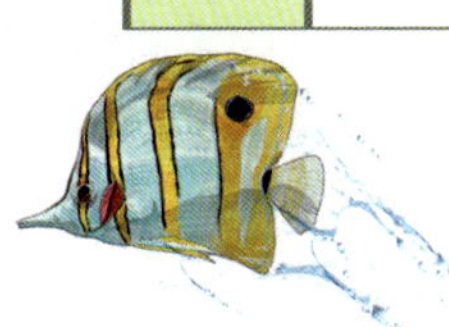

pez mariposa

delfín

petirrojo

COMPROBAMOS LO APRENDIDO

1 **REPASA** lo aprendido en la unidad con este esquema.

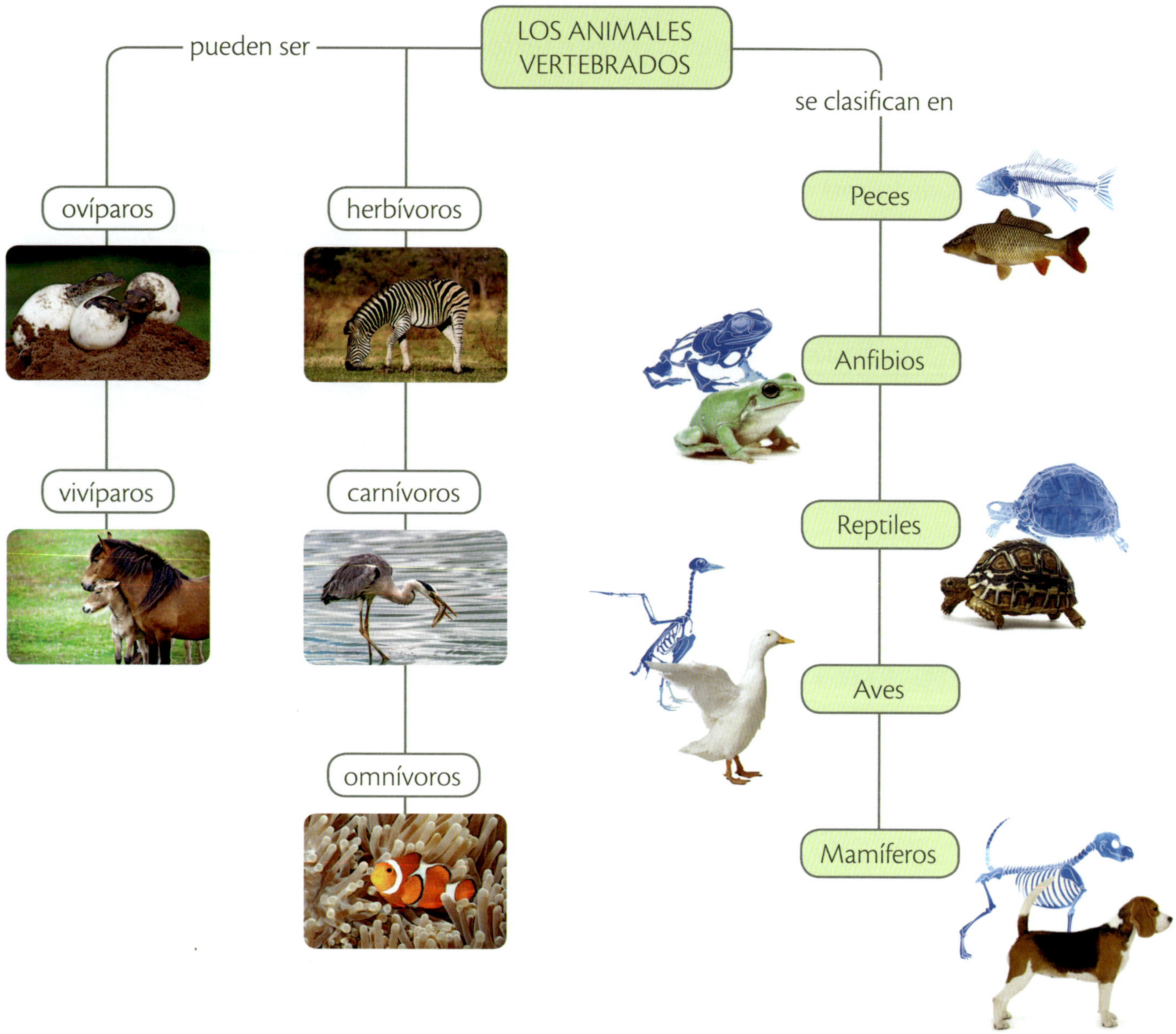

2 **DEDUCE.** Se trata de un animal vertebrado que tiene cuatro patas y cola. Además, es vivíparo y herbívoro. ¿Qué animal es?

a. Un cocodrilo
b. Una rana
c. Un león
d. Un hipopótamo

3 **PREPARA LA TAREA.** Busca en Internet qué vertebrados viven en el espacio natural que elegiste en la unidad anterior. Investiga en qué ambientes viven y si alguno de ellos está protegido para evitar que desaparezca.

4 **CLASIFICA** estos animales vertebrados:

murciélago · jurel · cuervo · jirafa · tritón · víbora

5 **PREGÚNTATE.** ¿Todos los vertebrados con alas son aves? ¿Y todos los que tienen aletas son peces?

6 COMPARA y señala las características que tienen en común una foca, una tortuga y un tiburón. Para ello, utiliza un diagrama de Venn.

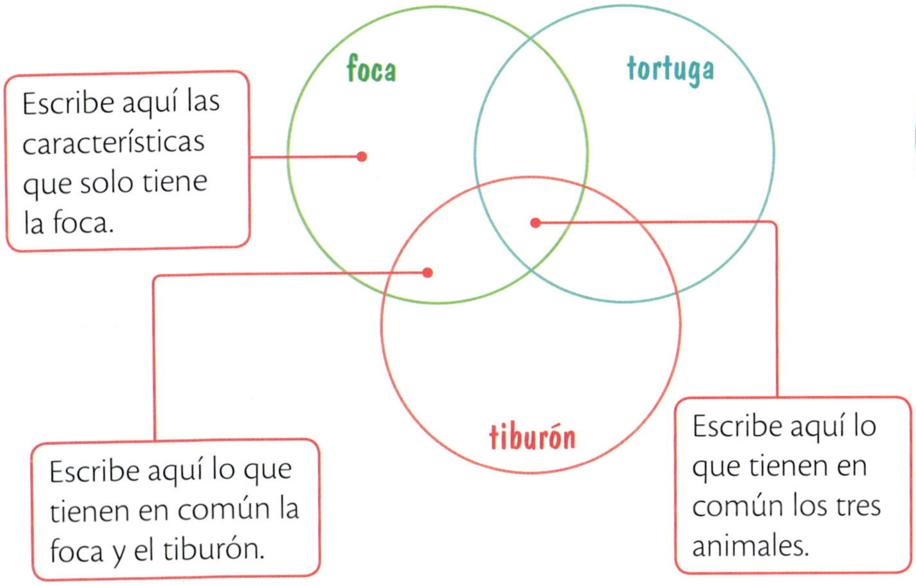

7 LOCALIZA EL ERROR. Corrige los errores que hay en estas oraciones:

a. Todos los vertebrados pueden caminar.

b. Todos los vertebrados son ovíparos.

c. Todos los reptiles tienen patas.

d. Todos los vertebrados acuáticos respiran por branquias.

8 INVESTIGA. Este animal se llama dugongo. ¿A qué grupo pertenece? Escribe una ficha en la que incluyas sus características más importantes.

Mi diario

1 ¿Qué es lo que más me ha sorprendido de los animales vertebrados?

2 Si trabajamos varios compañeros juntos, he notado que…

3 ¿Qué siento cuando algo que quiero hacer me resulta difícil?

smMasSavia.com | Autoevaluación.

3 Las plantas

Diferenciar las partes de las plantas y conocer la relación que tienen con las funciones vitales.

¿Todas las plantas tienen hojas? ¿Por qué crecen tan profundas las raíces de algunas plantas?

Aprender qué es la fotosíntesis y por qué es tan importante para los seres vivos.

¿Cómo fabrican las plantas su alimento? ¿Podríamos vivir si no hubiera plantas?

Conocer cómo se reproducen las plantas.

¿Todas las plantas utilizan semillas para reproducirse? ¿Cómo viaja el polen de una flor a otra?

smMasSavia.com

Lo que ya sé.

Nos activamos

1 **PREGÚNTATE.** Las plantas pueden ser muy diferentes, pero casi todas tienen tres partes fundamentales. ¿Cuáles son?

2 **REFLEXIONA.** A Luis le han regalado un cactus. Le ha gustado mucho, pero está confuso. Supone que la raíz se encuentra bajo tierra, pero ¿dónde se encuentra el tallo? ¿Y las hojas?

¿Será que el cactus no es una planta? ¿Será que no todas las plantas disponen de tallo y de hojas?

¿Tú qué crees? ¿Los cactus tienen raíz, tallo y hojas? ¿Y flores?

3 DEDUCE. Julio tiene que regar a menudo las plantas de su terraza. Además, de vez en cuando añade abono para que las plantas crezcan bien.

a. ¿Qué parte de sus plantas se encargan de tomar el agua y las sustancias del abono? Explica tu respuesta.

b. ¿Qué partes de la planta se ven en la jardinera del dibujo?

4 CLASIFICA. Martín cultiva en su huerto muchas frutas y verduras diferentes. Desde finales del invierno hasta el verano, cosechará fresas, sandías, calabacines, lechugas, espinacas, apios, zanahorias y guisantes.

Clasifica las frutas y las verduras que cosechará Martín en su huerto según de la parte de la planta que nos comemos. Para ello, copia y completa una tabla como la de la derecha.

	Fresas	◆◆◆	◆◆◆	◆◆◆
Raíz	◆◆◆	◆◆◆	◆◆◆	◆◆◆
Tallo	◆◆◆	◆◆◆	◆◆◆	◆◆◆
Hojas	◆◆◆	◆◆◆	◆◆◆	◆◆◆
Fruto	◆◆◆	◆◆◆	◆◆◆	◆◆◆
Semillas	◆◆◆	◆◆◆	◆◆◆	◆◆◆

I G **5 PIENSA** en otras hortalizas que conoces y añádelas a la tabla. Después pon en común con tu equipo el resultado. ¿Cuál es la parte de la planta que más veces aparece en vuestras tablas?

¿Has añadido alguna verdura cuya parte comestible sea la flor? Si no es así, con la ayuda de tu equipo, tratad de encontrar alguna.

6 ELABORA una lista. Ve a la sección de frutas y verduras de un mercado y clasifica los productos en raíces, tallos y hojas, flores, frutos y semillas.

Comprendemos

Para realizar sus funciones vitales, las plantas necesitan órganos que les permitan absorber el agua y las sales minerales del suelo, captar la luz del sol, fabricar su propio alimento o sostenerse por encima del suelo.

Estas necesidades hacen que la mayoría de las plantas posean **raíz**, **tallo** y **hojas**.

Los musgos son plantas que no poseen raíces, tallo ni hojas verdaderos.

¿Cómo son las plantas?

Las plantas pueden tener aspectos muy distintos. Piensa en un cactus, en una higuera o en un helecho. A pesar de ello, la mayoría de las plantas tienen tres partes diferenciadas:

Hojas. Las hojas son las partes de la planta donde se fabrica el alimento. Nacen del tallo o de las ramas y son de color verde.

Tallo. Es la parte de la planta que sostiene las hojas. Suele crecer por encima del suelo y se divide en ramas. Contiene los conductos que transportan las sustancias desde las raíces a las hojas.

Raíz. Es la parte de la planta que suele estar bajo tierra, por eso no la vemos. Sujeta la planta al suelo y absorbe del suelo el agua y las sales minerales.

Además, todas las plantas, excepto los musgos y los helechos, tienen flores.

7 ¿Cuáles son las funciones de la raíz en una planta?

Raíces, tallos y hojas comestibles

El alimento que elaboran las plantas ayuda a desarrollar cada una de sus partes. Las personas usamos para alimentarnos raíces, tallos y hojas.

Raíces

Raíces que nos sirven como alimento son, por ejemplo, la zanahoria, el nabo, la remolacha o el ajo.

Tallos

Tallos que nos sirven como alimento son, por ejemplo, el espárrago, la cebolla, la patata o el apio.

Hojas

Hojas que nos sirven como alimento son, por ejemplo, la lechuga, la espinaca, la escarola o la acelga.

Todas las plantas, excepto los musgos, tienen **raíz**, **tallo** y **hojas**.

smMasSavia.com

Tipos de plantas según su tallo.

Aplicamos

8 **AVERIGUA** a qué parte de la planta corresponden estos vegetales:

berro   bambú   rábano

9 **DEDUCE.** ¿Cómo crees que suelen ser las raíces de las plantas que sobreviven en los desiertos, como por ejemplo, los cactus? Explica tu respuesta.

10 **PIENSA.** ¿Qué parte de las plantas se utiliza para clasificarlas en estos tres grupos: hierbas, arbustos y árboles? Cita un ejemplo de cada tipo.

11 **PREGÚNTATE.** Observa la fotografía de la planta carnívora atrapamoscas. ¿Qué partes de la planta forman la trampa con dientes que se abre y se cierra para capturar insectos?

Taller

Nos activamos

1 **EXPERIMENTA** con tallos. Corta el tallo de un apio y mete cada extremo en un vaso con agua coloreada. Fíjate en el dibujo.

¿Por qué se ha teñido el tallo después de un día? ¿Por dónde viaja el agua hacia las hojas?

Comprendemos

Las plantas son capaces de fabricar su propio alimento. Para ello, necesitan **agua**, **sales minerales**, un **gas del aire** y la **luz del sol**.

Observa en el dibujo cómo fabrican su alimento.

La fotosíntesis

La fabricación del alimento se llama **fotosíntesis** y ocurre en las hojas. La fotosíntesis genera un gas, llamado **oxígeno**. La planta expulsa el oxígeno a través de sus hojas.

La fotosíntesis es **fundamental para la existencia de vida** en la Tierra. Durante la fotosíntesis las plantas **elaboran materia vegetal**, que es aprovechada por otros seres vivos. Además, las plantas **retiran dióxido de carbono** de la atmósfera y **liberan oxígeno**.

- Las plantas necesitan **agua**, **sales minerales**, **dióxido de carbono** y **luz del sol** para elaborar su propio alimento.
- Al fabricar su alimento, las plantas desprenden **oxígeno** durante la **fotosíntesis**.

Los seres vivos necesitan oxígeno para respirar. Casi todo el oxígeno de nuestro planeta se produce por la fotosíntesis.

smMasSavia.com

Las plantas fabrican su propio alimento.

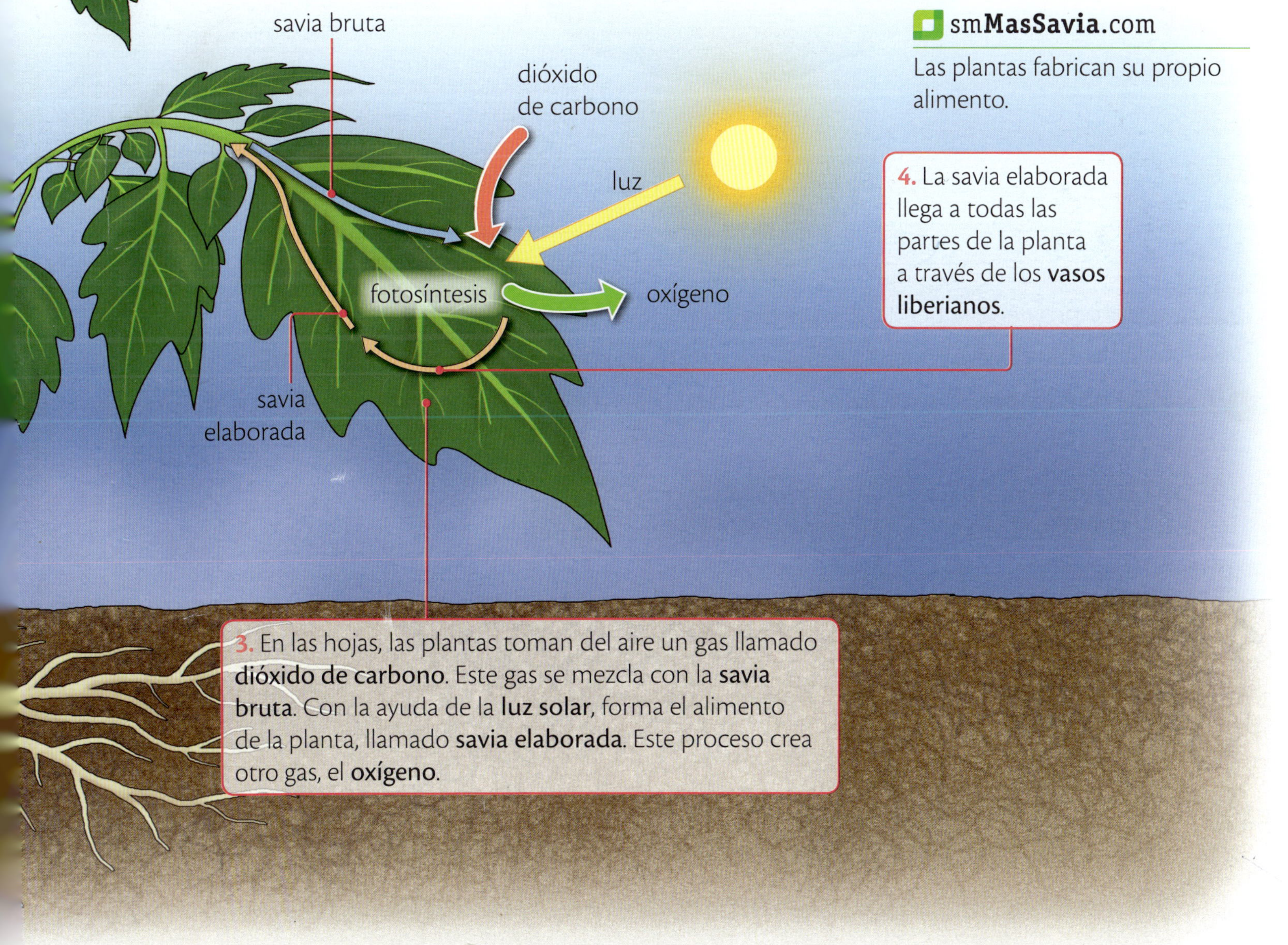

4. La savia elaborada llega a todas las partes de la planta a través de los **vasos liberianos**.

3. En las hojas, las plantas toman del aire un gas llamado **dióxido de carbono**. Este gas se mezcla con la **savia bruta**. Con la ayuda de la **luz solar**, forma el alimento de la planta, llamado **savia elaborada**. Este proceso crea otro gas, el **oxígeno**.

Nos activamos

2 EXPLICA por qué las plantas no necesitan tomar ningún alimento.

3 COMPLETA en tu cuaderno un esquema como este acerca de la fotosíntesis.

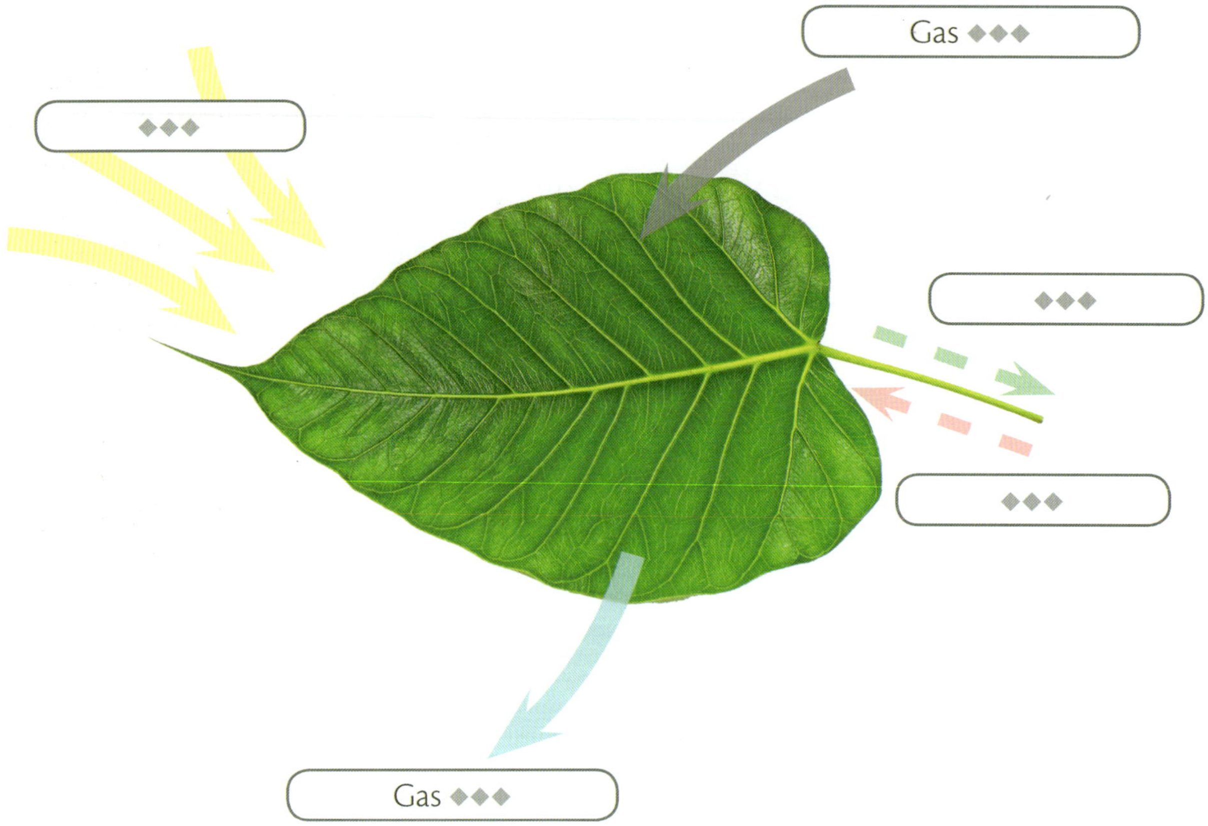

¿De dónde proviene la flecha discontinua roja? ¿A dónde se dirige la flecha discontinua verde?

4 COMPLETA la tabla con los términos que has utilizado en el esquema:

¿Qué necesitan las plantas para fabricar su alimento?	¿Qué productos se obtienen en la fotosíntesis?
◆◆◆	◆◆◆

5 ELIGE. ¿De dónde consigue una planta la materia que necesita para crecer?

a. Del agua
b. Del suelo
c. Del aire
d. Del sol

6 EXPLICA. Si el agua del suelo está contaminada, ¿crees que les afectará a las plantas? ¿A qué parte?

TRABAJAMOS LA COMPRENSIÓN LECTORA

7 LOCALIZO EL TEMA. ¿De qué trata el texto?

A. De las consecuencias de la destrucción de los bosques.

B. De la importancia de las plantas para la vida.

C. De cómo el dióxido de carbono está cambiando el clima del planeta.

8 BUSCA INFORMACIÓN. ¿Cuál es el gas que está cambiando la temperatura del planeta?

A. El dióxido de carbono

B. El aire

C. El oxígeno

9 FÍJATE EN LO QUE DICE EL TEXTO. Con la información que nos aporta el texto, ¿qué podemos hacer para combatir las grandes cantidades de dióxido de carbono que cambian el clima?

Los pulmones del planeta

Además de producir los alimentos para el resto de los seres vivos, las plantas oxigenan el aire y lo purifican.

Durante la fotosíntesis, las plantas retiran del aire dióxido de carbono. Este gas, en grandes cantidades, está cambiando el clima de la Tierra. Además, las plantas liberan a la atmósfera oxígeno, el gas que los seres vivos necesitamos para respirar.

Por eso, debemos respetar los bosques y las plantas en general. A ellas les debemos tanto el alimento como el aire que nos permite vivir.

I G **10 INTERPRETA** este diagrama y explica la relación que existe entre el sol y la tortilla que te comes.

sol → planta de maíz → gallina → huevo → tortilla

¿Crees que es exagerado decir que todo lo que comemos proviene de las plantas? Explícalo.

11 REFLEXIONA. Las plantas son de vital importancia para muchos animales, como la gacela, pues es un animal herbívoro. También son importantes para los animales carnívoros, como el tigre. Explica por qué.

i **12 RELACIONA** la fotosíntesis con esta afirmación:

> El sol es la fuente de energía gracias a la cual existimos todos los seres vivos de la Tierra.

13 ¿QUÉ PASARÍA SI... desaparecieran todas las plantas de la Tierra?

Nos activamos

Algunas orquídeas presentan un parecido asombroso con el cuerpo de las abejas hembra.

1 **Piensa y deduce.** ¿Qué beneficio crees que obtiene esta planta al tener las flores tan parecidas a las abejas?

2 **Elabora una hipótesis** para explicar por qué algunas flores son muy vistosas y desprenden olores atractivos.

3 **Deduce.** De qué modo interviene la pera en la reproducción de un peral?

Comprendemos

La mayoría de las flores tienen formas, olores y colores muy vistosos. De este modo, atraen a los insectos, que ayudan a las plantas en su reproducción.

Las partes de la flor

Algunas plantas, como la encina, tienen flores masculinas, con estambres, y flores femeninas, con pistilo.

La **flor** es el órgano reproductor de la mayoría de las plantas.

Las partes más importantes de la flor son la **corola**, el **cáliz**, los **estambres** y el **pistilo**.

La **corola** es el conjunto de hojas de colores. Estas hojas se llaman **pétalos**.

Los **estambres** son los órganos reproductores masculinos. Contienen el **polen**.

El **cáliz** es el conjunto de hojas verdes que protegen a la flor. Las hojas del cáliz se llaman **sépalos**.

El **pistilo** es el órgano reproductor femenino. En el interior se encuentra el **ovario** con los **óvulos**.

4 **Agrupa** estas palabras por parejas: cáliz, corola, pétalos y sépalos.

¿Cómo se reproducen las plantas con flor?

Para conseguir la reproducción, el polen de una flor tiene que llegar al pistilo de otra flor. El polen se transporta gracias al viento y a algunos animales, como las abejas. Este proceso se llama **polinización**.

Después de la polinización se forman las **semillas** y el **fruto**. Al caer al suelo, las semillas pueden **germinar** y dar lugar a una nueva planta.

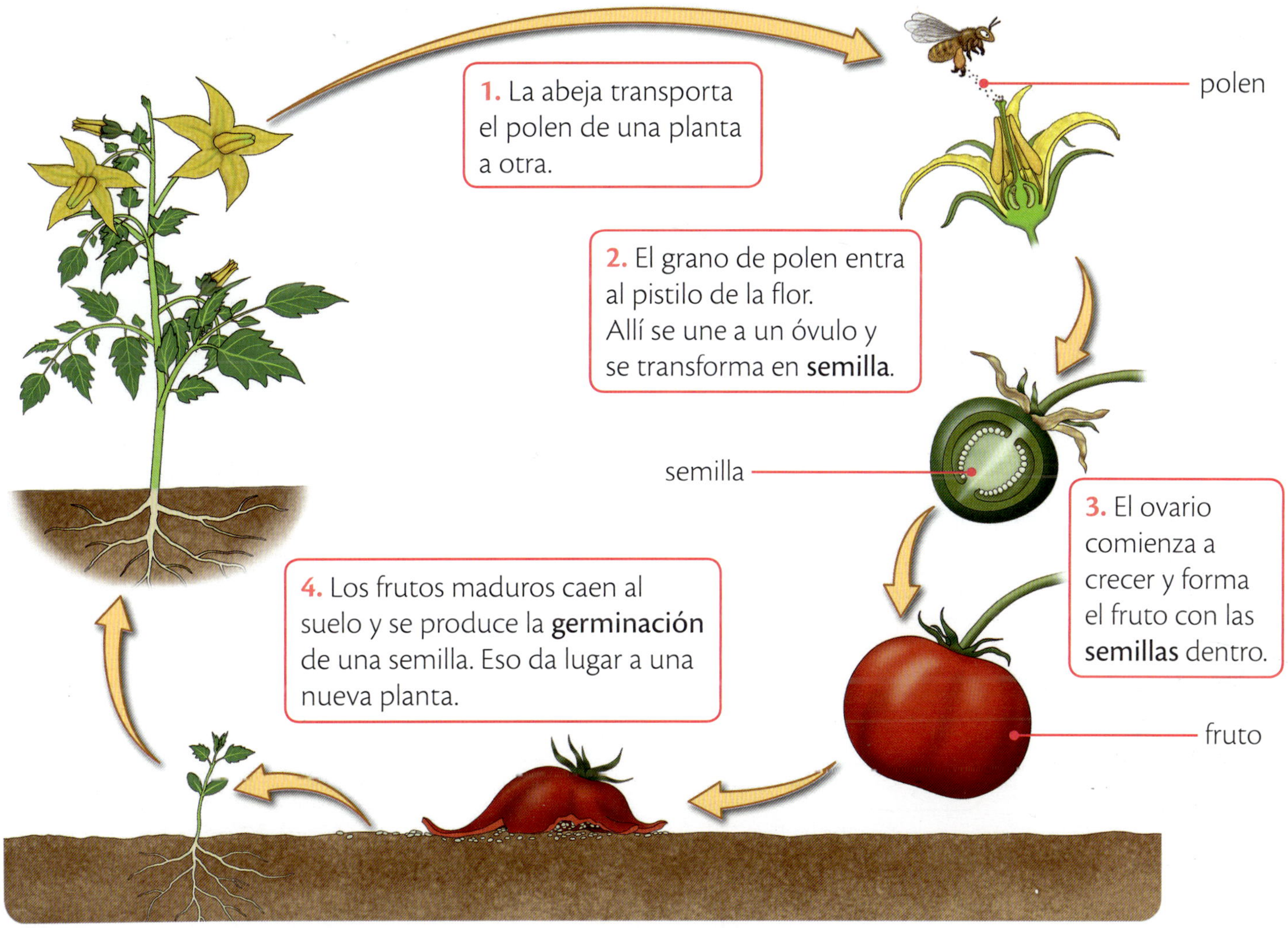

5 ¿En qué consiste la polinización?

- La **flor** es el órgano reproductor de la mayoría de las plantas.
- En la fecundación, el polen se une con el óvulo y se forman las **semillas**.
- Las semillas **germinan** y dan lugar a una nueva planta.

smMasSavia.com

¿Cómo se forman los frutos y las semillas?

Taller

Aplicamos

6 Observa e identifica. Elige una flor e intenta reconocer en ella las partes que has estudiado. Te será de mucha utilidad una lupa.

Luego, dibuja la flor en tu cuaderno y señala en ella las partes que has reconocido.

7 Ordena los siguientes dibujos. Explica, paso a paso, los cambios que experimenta una flor.

8 Ordena. Copia y completa el esquema con estas palabras:

flor · semilla · fruto · nueva planta

Fíjate en donde está la abeja.

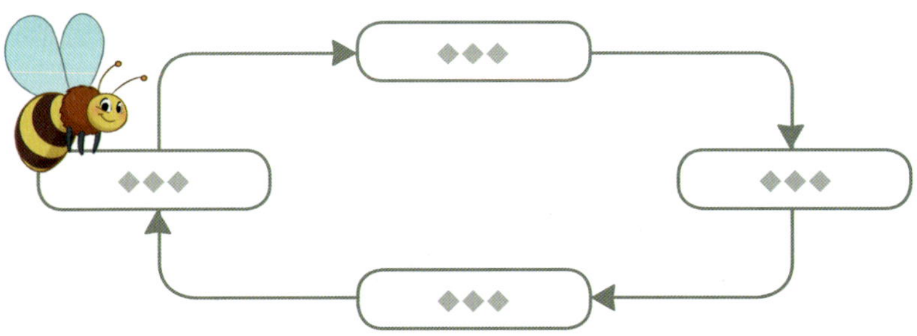

9 Elabora una hipótesis. Esta planta se llama *flor del lagarto*. Sus flores despiden un olor a carne podrida, muy desagradable para nosotros, pero que atrae a las moscas.

¿Qué beneficio crees que obtiene esta planta al tener sus flores esta peculiar característica?

10 Explica el significado de estas palabras:

- Polinizar
- Germinar
- Florecer

11 RAZONA. Observa las flores del pino y las flores del cerezo. ¿Cuál de los dos árboles crees que es polinizado por el viento? ¿Y por los insectos? Explica por qué.

12 EXPLICA. Algunos frutos presentan ganchos, otros son muy ligeros, y otros son jugosos y nutritivos. ¿Cuál es la función del fruto? ¿Cómo favorecen estas características esa función?

13 ELABORA UNA HIPÓTESIS. Alicia ha leído en un libro la siguiente información:

> Muchas plantas, como el geranio, florecen y producen semillas. Además, pueden reproducirse **a partir de un fragmento de ellas mismas**. Este fragmento genera una nueva planta que es una copia idéntica de su progenitora.

Para comprobarlo, Alicia corta un tallo de geranio y lo pone en agua. Después de unos días, observa que le han crecido raíces.

¿Qué pasará si planta el trozo de geranio con raíz en una maceta con tierra? ¿Saldrá una planta nueva? ¿Es posible que la planta se reproduzca sin utilizar semillas?

¿Pasará lo mismo si Alicia repite el experimento, pero con una amapola?

COMPROBAMOS LO APRENDIDO

1 REPASA lo aprendido en la unidad con este esquema.

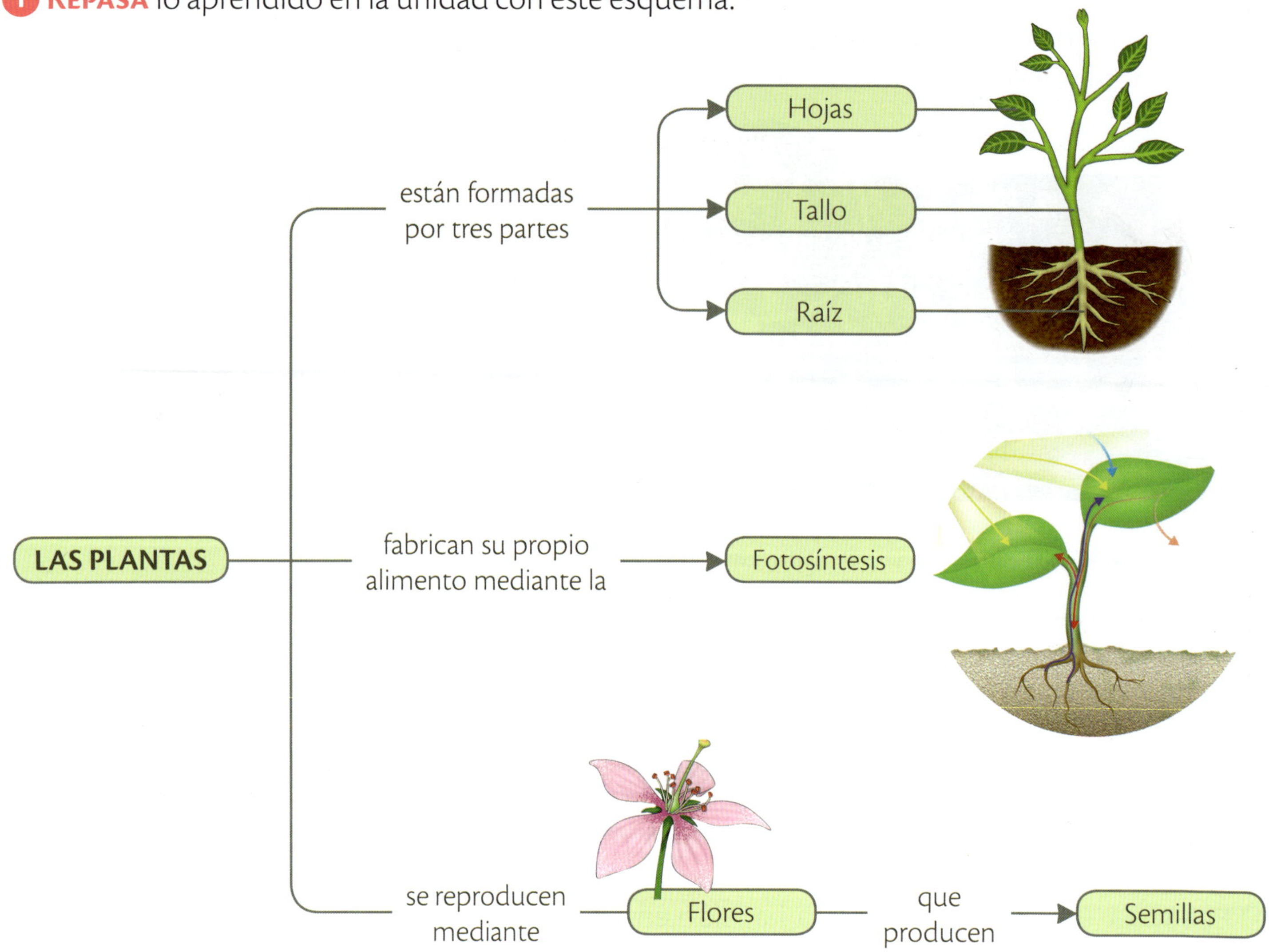

2 PREPARA LA TAREA. ¿Qué planta es la más abundante en el espacio natural que elegiste en la unidad 1? ¿Se reproduce por semillas? ¿Qué otras plantas viven en ese lugar?

3 DIBUJA esta flor en tu cuaderno y escribe el nombre de las partes señaladas.

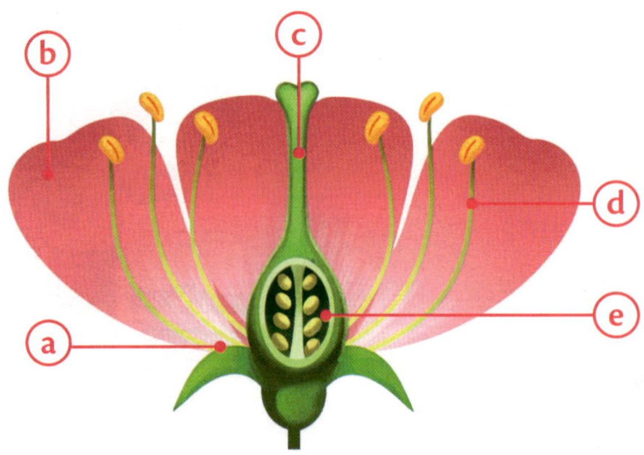

4 DIBUJA una planta y traza con flechas el recorrido de las sustancias que toma. Luego, indica la distribución del alimento que elabora.

5 PREGÚNTATE. Seguro que alguna vez has comido sandía. ¿Qué son las pepitas negras que contiene? Vuelve atrás en el tiempo y dibuja cómo crees que se han formado.

6 **Localiza el error.** Estas oraciones contienen errores. Léelas con atención y escríbelas correctamente.

a. Todas las plantas tienen hojas, tallo y raíz.

b. Las plantas fabrican su propio alimento solamente con el agua y las sales minerales que toman del suelo.

c. Durante la fotosíntesis las plantas consumen oxígeno.

d. Todas las flores son muy coloridas para atraer a los animales polinizadores.

7 **Explica** a un compañero cómo es el proceso de reproducción de las plantas con flores. Puedes ayudarte de un esquema.

8 **Relaciona.** Observa el contenido de tu mochila escolar. Trata de relacionar los objetos que contiene con las plantas.

a. Haz una lista de los objetos que proceden de las plantas, de forma directa o indirecta, por ejemplo, el papel. Completa la lista con los objetos de tus compañeros de equipo.

b. Copia y completa el esquema utilizando estas etiquetas:.

tronco | fábrica | papel | árbol

◆◆◆ → ◆◆◆ → ◆◆◆ → ◆◆◆

Mi diario

1 Pienso y escribo una palabra que resuma algo nuevo que he aprendido hoy.

2 Aprendo mejor en clase cuando… porque…

3 Me he sentido … dentro de mi equipo, porque…

smMasSavia.com | Autoevaluación.

MEJORA TU PLANETA

Tú también puedes ayudar a proteger a los animales y a las plantas de tu comunidad dando a conocer su importancia.

Prepara una salida de campo

Con la información que habéis recogido en las unidades, vais a organizar una salida a algún espacio natural de vuestra comunidad.

PASO 1 Por equipos, recuperad vuestros “Prepara la tarea” y elegid el lugar para realizar la visita.

PASO 2 Organizad la información en tres categorías:

Seres vivos	Ecosistemas	Problemas ambientales
– Animales	– Bosques	– Incendios
– Plantas	– Ríos	– Contaminación
	– Roquedos...	– Especies en peligro...

PASO 3 Marcad la localización de los seres vivos, los ecosistemas y los problemas ambientales que habéis recopilado en un plano de la zona.

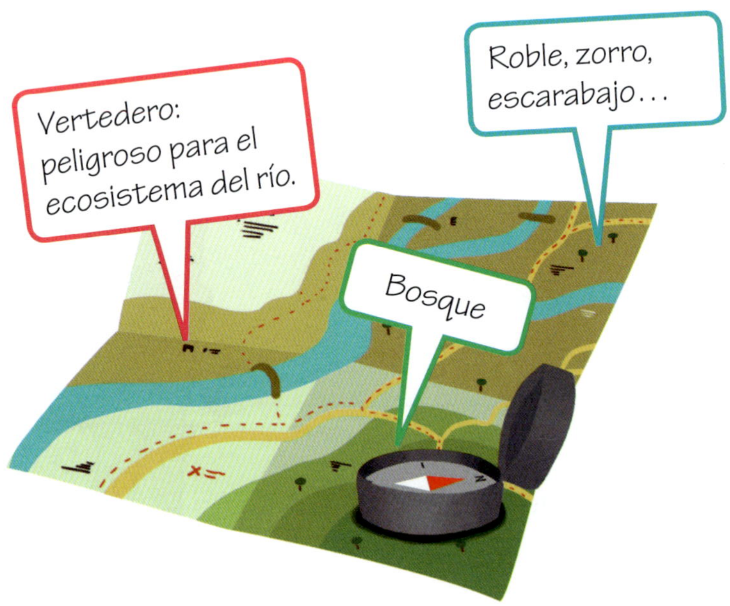

PASO 4 Preparad un cartel informativo con vuestro plano en el que mostréis las normas para cuidar y respetar el espacio natural.

Sugerencias a la dirección del colegio

TAREA FINAL

Ahora llega el momento de presentar vuestra propuesta a toda la clase, a la dirección y al resto del colegio.

PASO 1 Con los carteles informativos, cada equipo presentará la ruta que ha preparado.

PASO 2 Elegid una de las rutas propuestas.

PASO 3 Entre todos, escribid una carta a la dirección del colegio en la que expliquéis lo interesante que sería visitar el espacio natural elegido. El siguiente modelo os podría ayudar:

> Estimada directora (o director):
>
> A los alumnos de 4.º nos gustaría que el colegio organizase una visita a .... Creemos que sería muy interesante conocer este espacio natural de nuestra comunidad, porque tiene ecosistemas como ....,
> donde viven muchos animales y plantas. Entre ellos, por ejemplo,
> ....
>
> Podemos compartir la información dando alguna charla sobre ello.
>
> Esperamos que acepte nuestra propuesta.
>
> Muchas gracias.

En cualquier caso, aunque no se pueda organizar la salida desde el colegio, ¡siempre podréis hacer la visita con vuestra familia!

Mi diario

1. ¿Qué es lo más importante que he aprendido haciendo esta tarea? Explico por qué.
2. Esta tarea me ha resultado valiosa porque… Lo explico con ejemplos.
3. Explico algo que ha ocurrido haciendo la tarea que me ha hecho sentir bien.

¿QUÉ SABÍA, QUÉ SÉ?

Ahora que ya has aprendido mucho sobre los seres vivos, compara este esquema con los que hiciste al principio y con los de tu equipo.

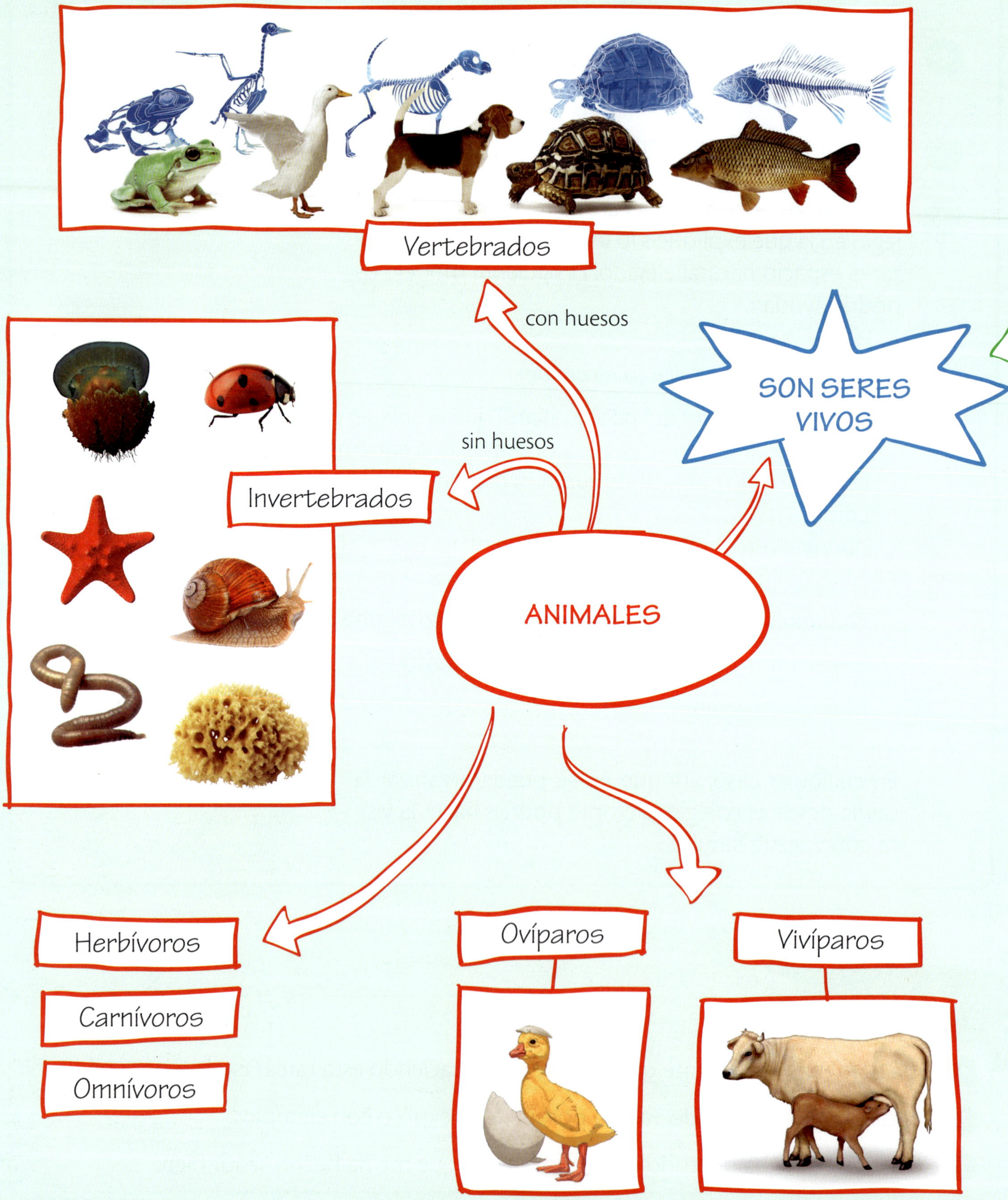

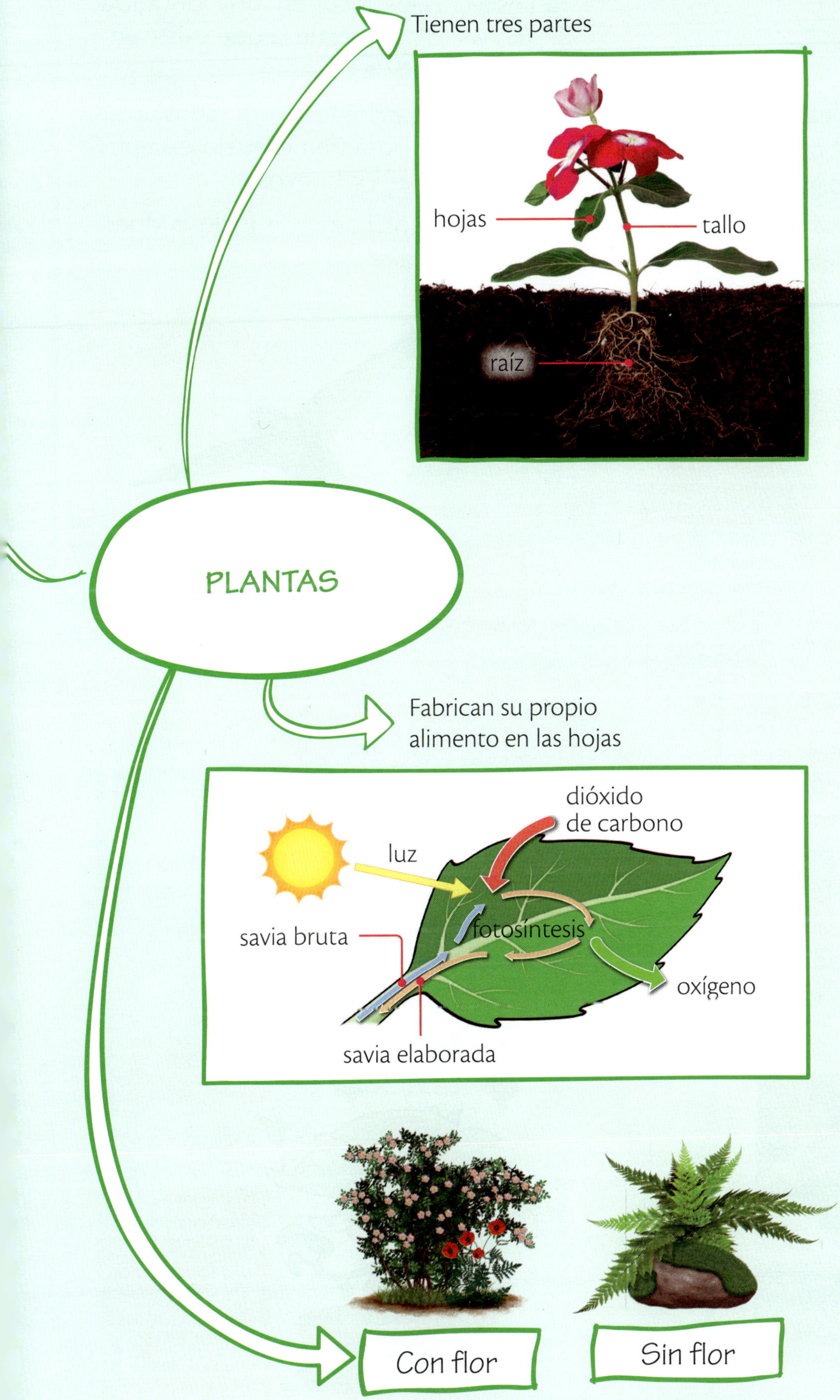

Los seres vivos

1 Escribe tres características que tengan en común una medusa y una golondrina.

2 ¿Dónde colocarías las siguientes palabras en el mapa conceptual?

anfibio · mamífero · artrópodo · anélido

3 Completa el esquema con la polinización. ¿Cómo puedes relacionar los animales invertebrados con la polinización?

4 En el jardín de la casa de Ricardo ha crecido musgo sobre un tronco. Ricardo piensa que no puede ser una planta porque no tiene flores ni raíz. ¿Tiene razón? Explica tu respuesta con el esquema.

5 ¿Existe alguna diferencia entre la nutrición de las plantas y la de los animales? ¿Cuál? Explica por qué decimos que la vida en la Tierra depende de las plantas.

Baile de disfraces

Algunas flores, como estas orquídeas, imitan el cuerpo de la abeja hembra para atraer a abejas macho y que las polinicen.

Cuando una abeja se posa en una flor, ¿qué se lleva pegado al cuerpo?

Vuela y vuela sin parar

Los vencejos recorren una distancia seis veces mayor que la que existe entre la Tierra y la Luna.

A estos pajarillos les gusta tanto volar que no se posan en el suelo excepto para incubar los huevos.

Los vencejos comen e incluso duermen en el aire.

¿Qué diferencias hay entre las aves y los anfibios?

El lagarto más grande del mundo

El dragón de Komodo puede medir de dos a tres metros de largo y alcanzar los setenta kilos de peso. Aunque por su tamaño podemos pensar que este reptil es lento, nada más lejos de la realidad: el dragón de Komodo es buen nadador, corre a gran velocidad e incluso es capaz de trepar a los árboles.

Los reptiles, ¿son ovíparos o vivíparos?

¡Una planta muy glotona!

Las plantas carnívoras viven en suelos muy pobres. Por eso necesitan complementar su dieta atrapando algunos insectos.

¿Qué sustancias toman las plantas del suelo?

Amigos invertebrados

Observa la imagen, ¿te parece que la hormiga ataca a los pulgones? Pues no, ¡la hormiga los protege!

El pulgón despide un líquido azucarado que a la hormiga le encanta. Para que el pulgón haga este líquido más dulce, la hormiga lo acaricia con sus antenas.

A cambio de este postre, la hormiga protege al pulgón. Lo mueve hacia hojas frescas cuando las hojas se secan. Si llueve, la hormiga corre para resguardarlo y lo pone debajo de las hojas. Y que a ninguna mariquita se le ocurra intentar comérselo... ¡Arma una buena!

¿Qué tienen en común las hormigas y los pulgones?

Ropa de temporada

Durante las épocas más calurosas del año, el armiño luce un precioso pelaje marrón. Pero, al llegar la nieve y el frío, su pelo se vuelve de color blanco.

La razón de que el armiño cambie de color según las estaciones del año es porque, de ese modo, puede camuflarse mejor y despistar a sus depredadores.

Además de tener pelo, ¿qué otras características presentan los mamíferos?

Una planta bloguera

Una empresa japonesa ha creado un sistema para que las plantas escriban su propio blog. En él contarán si necesitan más o menos agua, o más luz.

¿Cómo funciona este sistema? El programa convierte en textos las variaciones que capta en el nivel de luz y humedad de las plantas.

¿Qué necesita una planta para vivir?

El ser humano y la salud

Unidad 4
El cuerpo humano

TAREA FINAL
Mejora tu salud

¿Qué sabía, qué sé?

Amplía tu mirada

1 Empezamos

¡Ponte a pensar! En la Antigua Grecia se le daba tanta importancia al estudio como al ejercicio físico. De ahí, la expresión *Mens sana in corpore sano*. ¿Sabes lo que significa? Investígalo y piensa en un consejo de vida saludable que le darías a cada personaje de esta escena.

2 ¡Sabes más de lo que crees!

Fíjate en la imagen y busca su relación con:

la salud · la respiración · las funciones vitales

3 Sigue haciéndote preguntas

- ¿Por qué respiras más rápido cuando haces ejercicio?
- ¿Hay alguna relación entre hacer ejercicio y la salud del corazón?
- La primera vez que las mujeres compitieron en las olimpiadas fue en el año 1900. ¿Por qué crees que no les permitían participar antes? ¿Te parece justo?

TAREA FINAL

Mejora tu salud

Al final del bloque grabarás un programa de televisión para dar a conocer la importancia de la salud.

4 El cuerpo humano

Conocer las funciones vitales de las personas.

¿En qué te pareces a un león? ¿Y en qué te diferencias?

Identificar las partes del aparato circulatorio y del aparato respiratorio.

¿Por qué late nuestro corazón? ¿Para qué respiramos?

Conocer la función de reproducción.

¿En qué nos diferenciamos físicamente las chicas y los chicos? ¿Cómo nacen los bebés?

smMasSavia.com

Lo que ya sé.

1 Las tres funciones vitales

Nos activamos

Clara ha visto en la televisión una película titulada *El maravilloso mago de Oz.*

En la película, una niña llamada Dorothy emprende un viaje en busca de un mago. Durante el viaje la acompañan un león cobarde, un hombre de hojalata y un espantapájaros.

1 RAZONA. Clara sabe que Dorothy y el león son seres vivos, y que el espantapájaros y el hombre de hojalata no lo son. ¿En qué crees que se ha fijado?

a. En si se mueven o no.

b. En si poseen cabeza, tronco y extremidades.

c. En si pueden realizar las tres funciones vitales.

2 ELIGE. ¿Cuáles son las tres funciones vitales que llevamos a cabo los seres vivos?

- Crecimiento
- Nutrición
- Nacimiento
- Relación
- Reproducción

3 RELACIONA. El hombre de hojalata quiere que el mago le proporcione un corazón.

a. ¿Cuál es el aparato del cuerpo humano al que pertenece el corazón?

b. ¿Qué función desempeña?

4 RELACIONA. El espantapájaros pide al mago de Oz que le dé un cerebro para pensar. ¿Con cuál de las tres funciones vitales está directamente relacionado el cerebro?

5 CLASIFICA. Elige los aparatos del cuerpo humano que están relacionados con la función de nutrición.

respiratorio — reproductor — digestivo — excretor — locomotor — circulatorio

I G **6 COMPARA.** El león es un ser vivo, igual que nosotros. Nos parecemos en muchas cosas y nos diferenciamos en otras. Copia y completa un diagrama de Venn para comparar a los leones con los seres humanos.

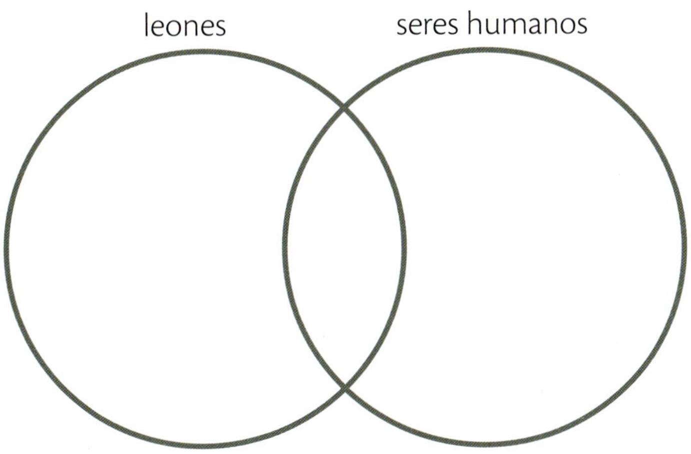

7 OBSERVA la imagen y relaciónala con las tres funciones vitales.

Comprendemos

Las personas, al igual que el resto de los seres vivos, realizamos las **tres funciones vitales**.

Las funciones vitales

Las tres funciones vitales son la **nutrición**, la **relación** y la **reproducción**.

Función de nutrición

Nos permite obtener la energía y los nutrientes necesarios para crecer y realizar todas nuestras actividades diarias.

En la función de nutrición intervienen **cuatro aparatos**: **digestivo**, **respiratorio**, **circulatorio** y **excretor**.

Función de relación

Nos permite captar lo que ocurre a nuestro alrededor y reaccionar ante esta información.

En la función de relación están implicados los **órganos de los sentidos**, el **sistema nervioso** y el **aparato locomotor**.

Función de reproducción

Mediante la función de reproducción podemos tener hijos.

En la reproducción interviene el **aparato reproductor**.

Los aparatos reproductores de las mujeres y de los hombres son distintos.

Además de realizar las funciones vitales, los seres humanos tenemos la capacidad de **conocer**, **comprender** y **razonar**.

También somos capaces de **utilizar el lenguaje para comunicarnos** con otras personas.

8 ¿Qué aparatos intervienen en la función de nutrición?

9 ¿Qué función vital nos permite tener hijos?

Las personas realizamos las tres funciones vitales: la **nutrición**, la **relación** y la **reproducción**.

TRABAJAMOS LA COMPRENSIÓN LECTORA

10 **LOCALIZA EL TEMA.** El texto trata de las funciones que permiten que el ser humano…

A. … aprenda.

B. … viva.

C. … crezca.

11 **LOCALIZA LA IDEA PRINCIPAL.** En el texto se explica para qué nos sirve…

A. … cada una de las funciones vitales.

B. … la forma en que utilizamos el lenguaje.

C. … el modo en que comprendemos y razonamos.

12 **PIENSA EN EL SIGNIFICADO DE LAS PALABRAS.** Vuelve a leer el último párrafo del texto y piensa en las formas en que nos comunicamos. Utilizar el lenguaje significa…

A. … expresarnos a través de sonidos, como el habla.

B. … expresarnos a través de signos, como la escritura.

C. … expresarnos a través de sonidos y de signos.

Aplicamos

13 **¿QUÉ PASARÍA SI** los seres humanos no pudiéramos llevar a cabo la función de reproducción?

14 **ASOCIA** cada una de estas acciones con una o varias de las funciones vitales.

Amamantar a un bebé •	• Nutrición
Escuchar música •	• Relación
Respirar •	• Reproducción

15 **JUSTIFICA.** ¿Por qué hablamos en singular del aparato respiratorio o del aparato locomotor y, sin embargo, nos referimos a los aparatos reproductores en plural?

G〉I **16** **RAZONA.** ¿Cómo conseguimos las personas la energía necesaria para realizar nuestras funciones vitales?

Nos activamos

1 **EXPLICA.** El profesor ha comentado hoy en clase que si nuestro cuerpo fuera un restaurante, el aparato circulatorio sería el camarero. Explica qué ha querido decir.

Comprendemos

El **aparato circulatorio** se encarga de transportar sustancias por todo nuestro organismo.

Las partes del aparato circulatorio

El aparato circulatorio está compuesto por tres elementos:

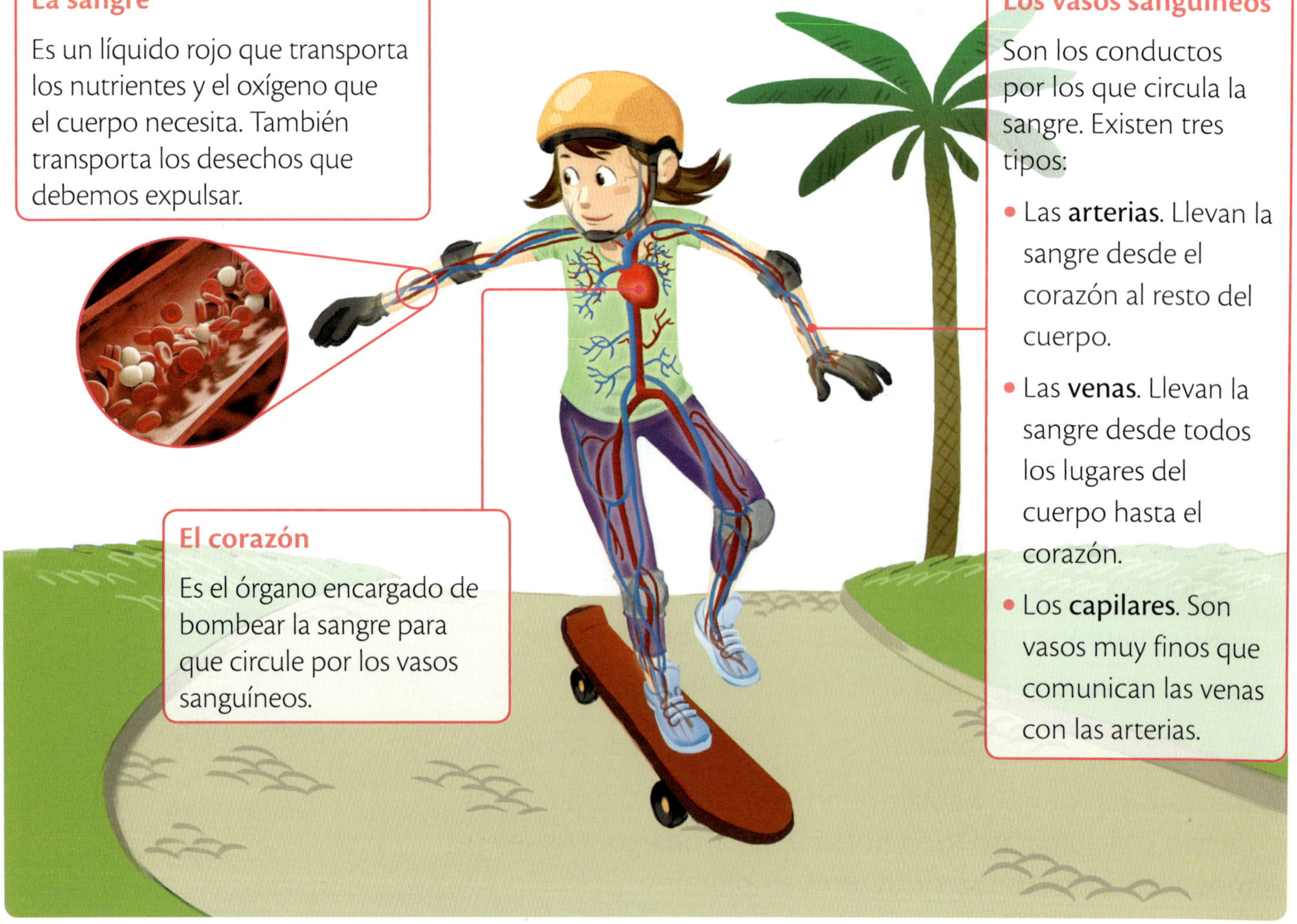

La sangre

Es un líquido rojo que transporta los nutrientes y el oxígeno que el cuerpo necesita. También transporta los desechos que debemos expulsar.

El corazón

Es el órgano encargado de bombear la sangre para que circule por los vasos sanguíneos.

Los vasos sanguíneos

Son los conductos por los que circula la sangre. Existen tres tipos:

- Las **arterias**. Llevan la sangre desde el corazón al resto del cuerpo.
- Las **venas**. Llevan la sangre desde todos los lugares del cuerpo hasta el corazón.
- Los **capilares**. Son vasos muy finos que comunican las venas con las arterias.

2 ¿En qué se diferencian los tres tipos de vasos sanguíneos?

¿Cómo funciona nuestro corazón?

El **corazón** tiene el tamaño de un puño y está situado entre los pulmones. Es un órgano formado por músculos, que se contrae y se relaja constantemente de forma involuntaria.

El corazón de una persona adulta en reposo late entre sesenta y cien veces por minuto. El número de latidos por minuto se conoce con el nombre de **frecuencia cardíaca**.

Los latidos del corazón

Las relajaciones y contracciones del corazón reciben el nombre de *latidos*.

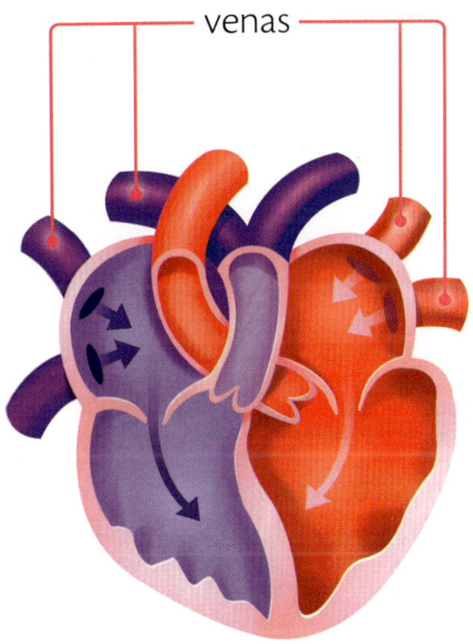

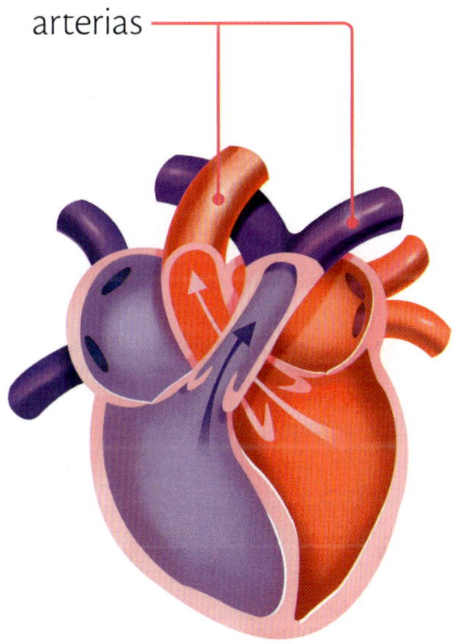

El latido tiene dos fases.

En la primera, los músculos del corazón se relajan. Gracias a esto, el corazón se llena de sangre que proviene de las venas.

En la segunda fase los músculos del corazón se contraen. La sangre sale entonces impulsada por todo el cuerpo a través de las arterias.

3 ¿En qué consiste el latido del corazón?

El aparato circulatorio está compuesto por la **sangre**, los **vasos sanguíneos** y el **corazón**.

Aplicamos

4 **Explica** en tu cuaderno cómo el corazón bombea la sangre por todo el organismo.

5 **Escribe** un párrafo para explicar la función del aparato circulatorio. Incluye las palabras de la nota de la derecha.

arterias, oxígeno, corazón, capilares, desechos, venas, nutrientes, sangre

Taller

Nos activamos

1 **EXPERIMENTA.** Inspira por la nariz y toma todo el aire que te sea posible. Después, suelta el aire lentamente por la boca.

¿Qué le ocurre a tu pecho durante este proceso? ¿A qué crees que es debido? ¿Para qué respiramos?

Comprendemos

Nuestro cuerpo necesita oxígeno para funcionar. Gracias al oxígeno respiramos.

Las partes del aparato respiratorio

El aparato respiratorio se encarga de la respiración. Está formado por las **vías respiratorias** y los **pulmones**. Las vías respiratorias son los conductos por los que entra y sale el aire.

smMasSavia.com
Las partes del aparato respiratorio.

2 ¿Cuál es la función de las fosas nasales?

La respiración

Para que el oxígeno llegue a todo el cuerpo, hace falta respirar. Durante la respiración ocurren dos procesos importantes:

- La **ventilación pulmonar**. Se realiza por medio de dos movimientos: la **inspiración** y la **espiración**.
- El **intercambio de gases** con la sangre. Este tiene lugar en el interior de los pulmones.

La respiración

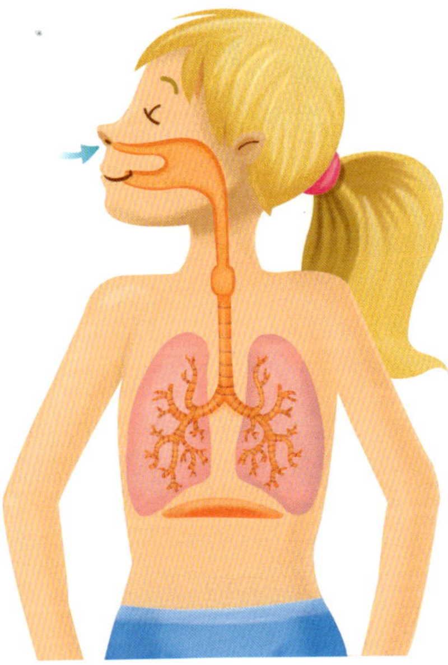

Inspiración

El diafragma se contrae. Esto provoca que los pulmones se ensanchen y se llenen del aire que entra por las fosas nasales.

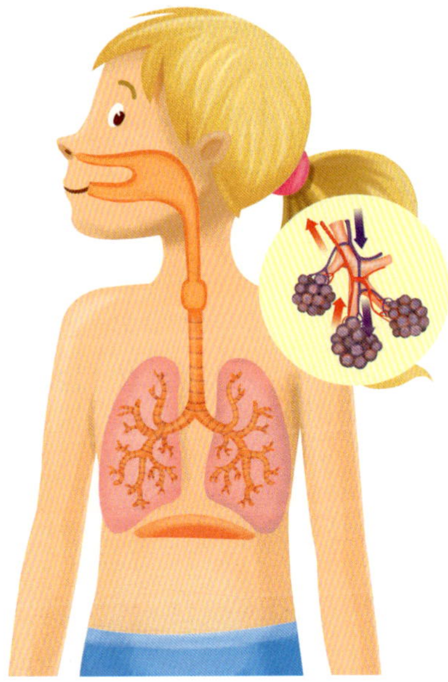

Intercambio de gases

En los alvéolos pulmonares el oxígeno del aire inspirado pasa a la sangre, y el dióxido de carbono de la sangre pasa a los pulmones.

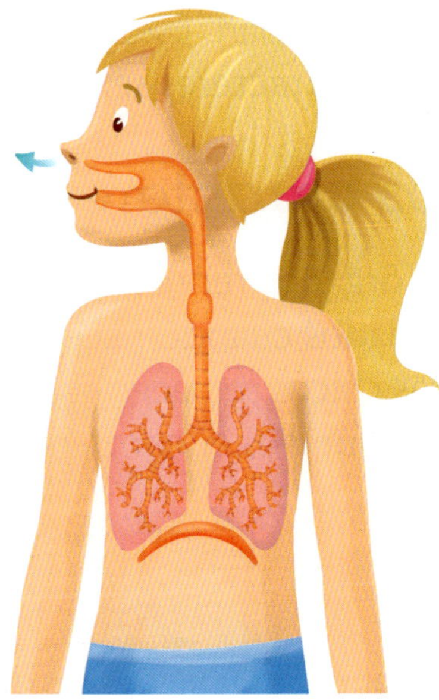

Espiración

El diafragma se relaja, lo que hace que los pulmones disminuyan de tamaño y expulsen al exterior el aire cargado de dióxido de carbono.

El aparato respiratorio se encarga de la respiración. Está formado por las vías **respiratorias** y los **pulmones**.

Aplicamos

3 **DESCRIBE** el recorrido completo del aire por el aparato respiratorio.

4 **EXPLICA** en qué procesos de la respiración interviene el diafragma.

Nos activamos

1 **OBSERVA.** ¿Encuentras diferencias entre las dos personas de la imagen? Hay una serie de características externas que distinguen a las mujeres de los hombres. ¿Cuáles son?

Comprendemos

Las mujeres y los hombres presentan características físicas que los diferencian. Estas características físicas diferenciadoras se llaman **caracteres sexuales**.

Los caracteres sexuales

Los **órganos reproductores** son caracteres sexuales y ya están formados cuando nacemos. Otras diferencias entre las chicas y los chicos se hacen más evidentes según la **etapa de la vida** en la que nos encontremos.

La infancia

De 0 a 12 años

Durante los primeros años de nuestra vida crecemos muy rápido. También adquirimos muchas habilidades, como caminar, hablar o leer. Poco a poco nos hacemos más autónomos.

La adolescencia

De 12 a 19 años

En esta fase aparecen diferencias físicas claras entre las chicas y los chicos.

La edad adulta

De los 19 años en adelante

Comprende la juventud, la madurez y la ancianidad.

Algunos caracteres sexuales, como la barba en los chicos o el desarrollo de las mamas en las chicas, se manifiestan a partir de la adolescencia.

2 ¿En qué etapa de la vida te encuentras?

Los aparatos reproductores

Los seres humanos nos reproducimos gracias al **aparato reproductor**. Los órganos del aparato reproductor maduran durante la adolescencia.

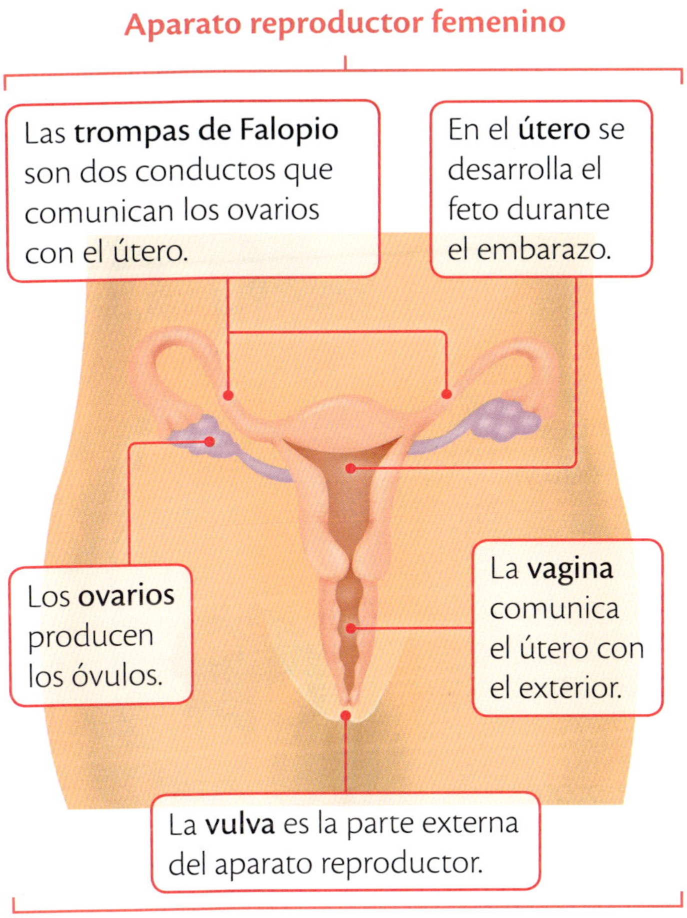

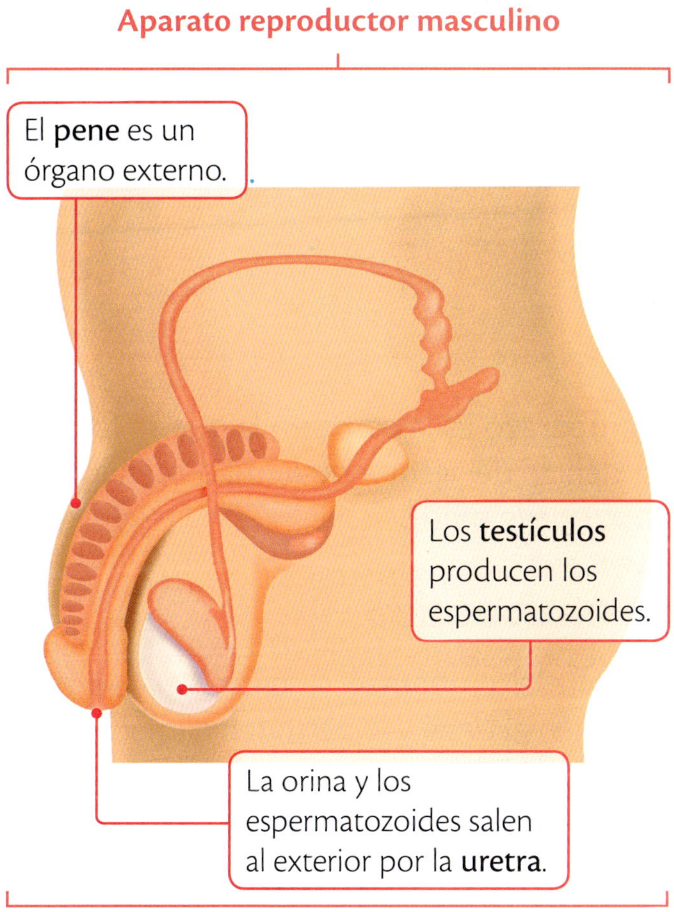

3 ¿En qué órganos se producen los óvulos? ¿En cuáles se producen los espermatozoides?

- Los **caracteres sexuales** son características físicas que distinguen a los hombres de las mujeres.
- El **aparato reproductor** es el encargado de la reproducción.

Aplicamos

4 **DEFINE.** ¿Qué son los caracteres sexuales?

5 **PRACTICA.** smMasSavia.com | Comprueba que conoces las partes del aparato reproductor.

Nos activamos

I G **1** **INVESTIGA.** En tu equipo, elegid cuatro especies de mamíferos diferentes. Investigad sobre la duración del embarazo y comparadlo después con el del ser humano.

¿Creéis que el período que dura el embarazo de nuestra especie es corto o largo? Llegad a una conclusión a partir de vuestros datos.

Comprendemos

El **embarazo** es la etapa en la que se forma y crece un nuevo ser dentro del vientre de su madre. En los seres humanos dura unos nueve meses.

El embarazo

Durante el **embarazo** se crean una serie de estructuras que protegen al bebé y le permiten alimentarse:

- La **bolsa amniótica**. Es una bolsa llena de líquido que protege al futuro bebé y lo mantiene caliente.
- El **cordón umbilical**. El bebé se encuentra unido a su madre a través del cordón umbilical. Por él recibe el oxígeno y el alimento.

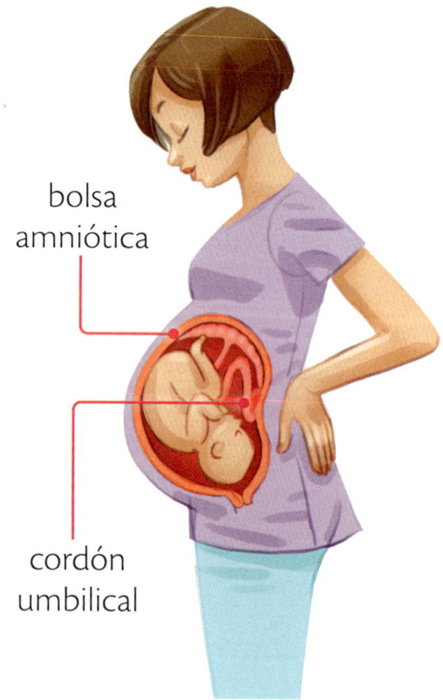

El parto

Cuando el feto ha acabado de formar todos sus órganos, ya está preparado para nacer. En ese momento, la bolsa amniótica se rompe y las paredes del útero se contraen. Esto provoca una presión que empuja al bebé hacia el exterior. El bebé sale a través de la vagina de su madre. Este proceso recibe el nombre de **parto**.

El médico que atiende el parto corta el cordón umbilical que une al bebé con la madre y, desde ese momento, empieza a respirar a través de sus pulmones. En el abdomen del bebé queda una cicatriz, que es el ombligo.

2 **¿Cuál es la función del cordón umbilical? ¿Y la función de la bolsa amniótica?**

El recién nacido

Los bebés humanos llegan al mundo muy indefensos, y necesitan muchos cuidados y cariño por parte de su familia para crecer sanos y felices.

En los primeros meses de vida, se alimentan exclusivamente de la **leche** que producen sus madres o, si esto no es posible, de leche artificial. En este tiempo, el bebé crece y se desarrolla.

2 meses	6 meses	10 meses	12 meses	15 meses
Reconoce el rostro y las voces de sus padres.	Comienzan a salirle los primeros dientes.	Tiene más equilibrio y comienza a gatear.	Empieza a dar sus primeros pasos.	Pronuncia sus primeras palabras y las entiende.

Durante esta etapa de desarrollo tan intenso, las visitas regulares al **pediatra** permitirán controlar el crecimiento del bebé. En estas revisiones, el médico le aplicará las **vacunas** que lo protegerán contra diversas enfermedades.

> El **embarazo** es la etapa de formación de un nuevo ser dentro del vientre de la madre. El bebé nace a través del **parto**. El **recién nacido** necesita muchos cuidados.

Aplicamos

3 **RELACIONA.** ¿Qué son los caracteres sexuales?

4 smMasSavia.com | Ordena las etapas de desarrollo del bebé.

COMPROBAMOS LO APRENDIDO

1 OBSERVA Y RAZONA. Pilar y Miguel han decidido hacer un diario sobre la actividad de sus corazones. Mientras uno cronometra un minuto, el otro cuenta el número de latidos apretando con los dedos de una mano la muñeca de la otra mano.

a. Cuando contamos los latidos, ponemos los dedos sobre una arteria. ¿Qué función realizan las arterias?

b. Además de las arterias, ¿qué otros vasos sanguíneos forman parte de nuestro sistema circulatorio?

c. Después de correr o con fiebre, el corazón de Pilar late más rápido. ¿A qué crees que se debe?

d. El corazón es un músculo. ¿Crees que el corazón se puede entrenar igual que otros músculos del cuerpo? ¿Cómo?

2 DEDUCE. ¿A qué aparato del cuerpo humano corresponden las siguientes funciones?

a. Transportar el oxígeno por el cuerpo.

b. Realizar el intercambio de gases.

3 RAZONA. El aire con el que Ricardo apaga las velas, ¿contiene más dióxido de carbono que el que inspiró?

4 RELACIONA. ¿Qué músculo participa en la ventilación pulmonar? ¿Cuál es su función? Explícalo con tus palabras.

5 CALCULA. En el mes de octubre la madre de Aitana estaba embarazada de tres meses. ¿En qué mes dará a luz?

6 PREPARA LA TAREA. Busca en el periódico o en Internet dos noticias curiosas relacionadas con el cuerpo humano. Redáctalas como si fueses a contarlas en el telediario. ¡Hasta puedes inventártelas!

Después, crea un anuncio en el que publicites un hábito saludable.

smMasSavia.com | Autoevaluación.

¡A la caza de la noticia!

TAREA FINAL

PASO 1 Por equipos, vais a preparar un programa de televisión de noticias relacionadas con el cuerpo humano y la salud.

Elegid cuatro noticias interesantes de los "Prepara la tarea" para toda la clase. Haced lo mismo con los anuncios.

PASO 2 Organizad el trabajo:

- Preparad la estructura del programa. ¿De cuántas secciones constará? ¿Cuánto tiempo durará cada una de ellas?
- Haced una lista de las tareas necesarias y distribuidlas entre los miembros del equipo.
- Repartid los papeles: unos harán de locutores, actores y actrices de los anuncios y, otros, de las personas que graban cada sección del programa (técnicos de sonido, cámaras, iluminadores...).

Tareas:

- Preparar carteles y gráficos.
- Elegir la música.
- Preparar el vestuario...

PASO 3 Grabad vuestro noticiario mientras lo representáis delante de toda la clase. ¡Acción!

Mi diario

1. Cuento una cosa que he aprendido en esta tarea. Esto nuevo que he aprendido lo utilizaré para...
2. ¿Qué me ha costado más hacer? ¿Cómo lo he conseguido?
3. ¿He necesitado la ayuda o el apoyo de mi equipo en algún momento? Explico cuándo y cómo me ha ayudado mi equipo.

¿QUÉ SABÍA, QUÉ SÉ?

Ahora que ya has aprendido mucho sobre el cuerpo humano, compara este esquema con lo que sabías antes.

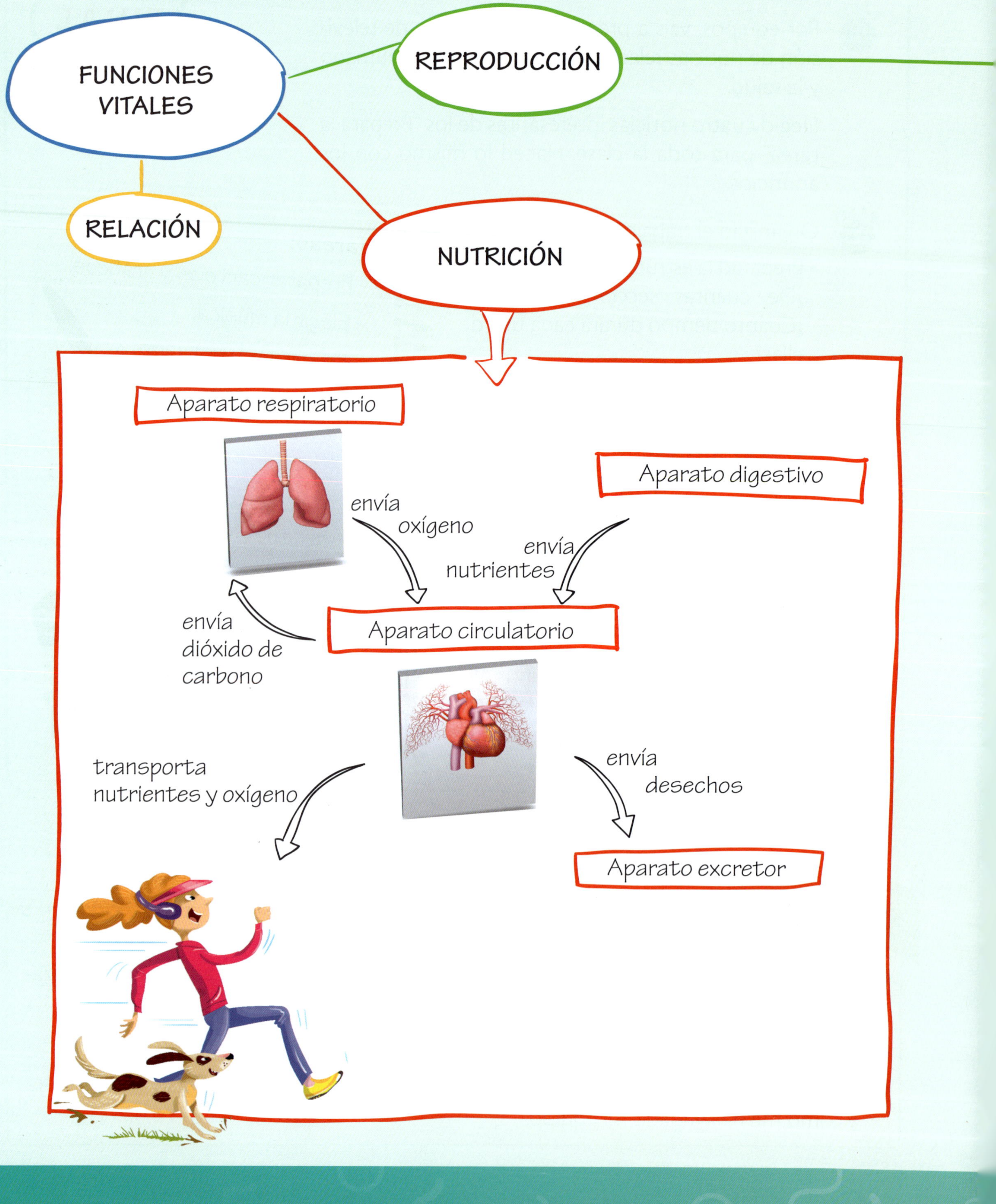

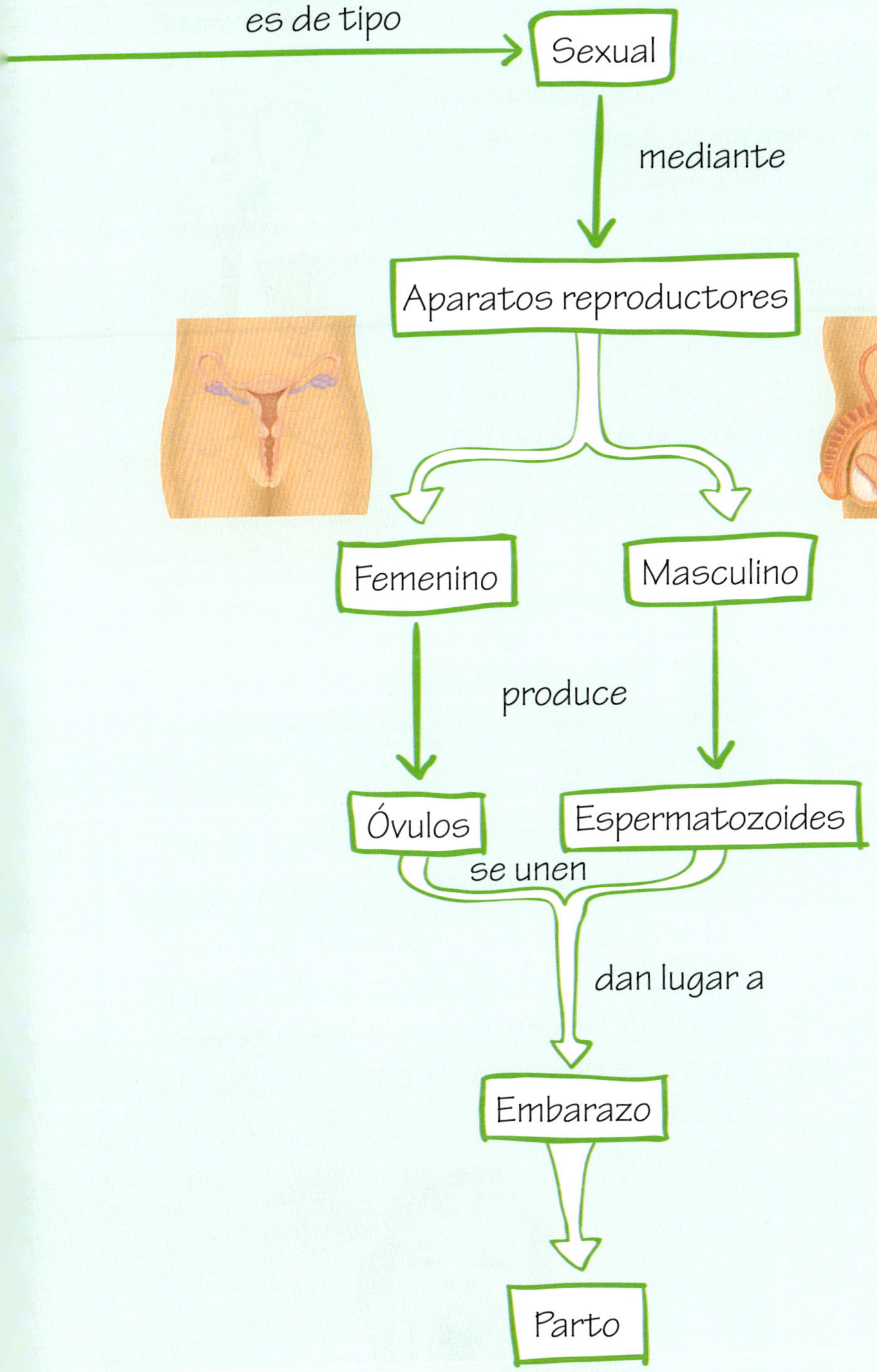

El ser humano y la salud

1. Describe el recorrido que sigue el aire desde que inspiras hasta que el oxígeno llega a todo el cuerpo.
2. Las células del cerebro necesitan mucha energía para funcionar, sobre todo en época de exámenes. ¿Cómo la obtienen? Utiliza el esquema para explicarlo.
3. Escribe en tu cuaderno tres diferencias que haya entre el aparato reproductor femenino y el masculino.
4. Cita dos situaciones en las que el corazón te lata más deprisa de lo habitual. ¿Por qué sucede?
5. Explica la diferencia entre la faringe, la laringe y la tráquea.

AMPLÍA tu mirada

La cesárea de César

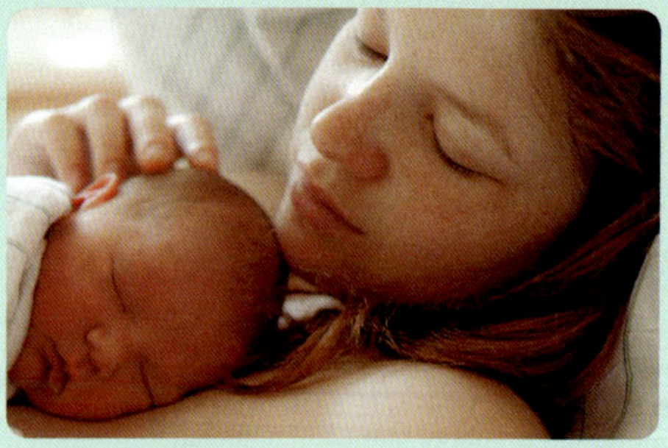

La cesárea es una intervención quirúrgica que se realiza cuando los médicos consideran que el parto puede ser peligroso para la salud de la madre o del bebé.

Se cree que se denomina *cesárea* porque el emperador Julio César nació de esta forma en el año 100 a. C.

En la antigua Roma ya se practicaba este tipo de intervenciones cuando una mujer en avanzado estado de gestación fallecía. Así, al menos, se salvaba la vida del bebé.

¿En qué consiste la fecundación?

"Tuberías" de todos los tamaños

Coge una pelota de tenis y apriétala todo lo que puedas. Esta fuerza es parecida a la que ejerce el corazón para bombear sangre por los 96 000 kilómetros de vasos sanguíneos que hay en todo el cuerpo.

Entre esas "tuberías" que conducen la sangre, la arteria aorta es la más importante: su diámetro es como el de una manguera de jardín. Pero también tenemos vasos sanguíneos mucho más finos que un cabello.

¿Cuáles son los tipos de vasos sanguíneos que existen?

¿Por qué bostezamos?

Cuando estamos aburridos o cansados, nuestra respiración es más lenta y nuestro cuerpo recibe menos oxígeno.

El bostezo es una inspiración profunda. Así, el cuerpo incorpora una cantidad extra de oxígeno que a nuestro cerebro le viene de maravilla para activarse un poco más.

¿Cómo llega el oxígeno al cerebro?

Un cordón de vida

El cordón umbilical está formado por arterias y venas. Permite el intercambio de oxígeno y sustancias nutritivas entre la madre y el feto. Pero este cordón no es solo de gran importancia durante los nueve meses de embarazo. En las últimas décadas se ha descubierto que la sangre del cordón umbilical contiene células madre. Este tipo de células son capaces de regenerar la piel, los músculos, los huesos y los órganos.

En la actualidad se realizan numerosas investigaciones a partir de células madre para intentar conseguir el tratamiento de diversas enfermedades.

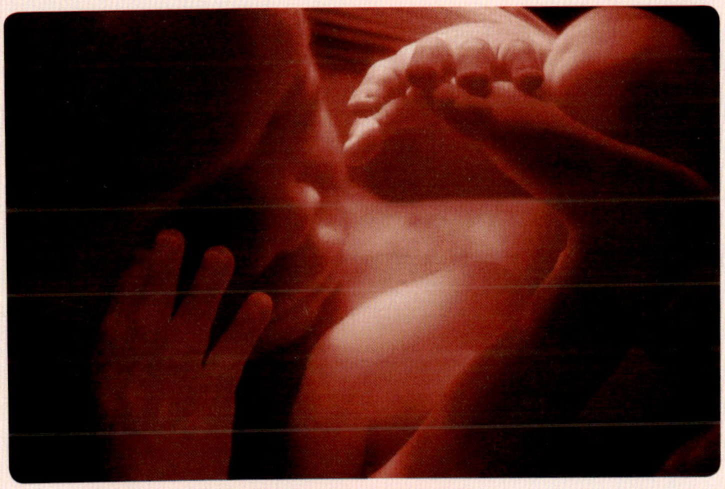

¿Cuál es la función del cordón umbilical?

¡Ojo al dato!

- La sangre supone el 8% del cuerpo humano.
- El corazón late tres mil millones de veces a lo largo de la vida.
- El corazón se encuentra en el centro del pecho, pero su latido se siente más en el lado izquierdo.

¿Cómo funciona el corazón?

Reír para estar sanos

Un gran número de especialistas coinciden en que reír es muy saludable.

Cuando emitimos una sonora carcajada, aumenta nuestro ritmo cardíaco, los músculos se relajan y los vasos sanguíneos se dilatan. Esto mejora la circulación de la sangre.

Al reír sentimos felicidad, relajación y confianza. Además, desarrollamos estados de ánimo positivos.

Las emociones positivas favorecen el pensamiento creativo y las relaciones sociales, y nos ayudan a estar más sanos.

¿Qué relación hay entre el aparato circulatorio y el respiratorio?

Materia y energía. Máquinas

1 Empezamos

¡Ponte a pensar! Rodando una película sobre la prehistoria, los guionistas han cometido algunos errores. Ayúdalos y encuentra máquinas que no existían en la prehistoria. Explica por qué no podían funcionar en aquel momento.

2 ¡Sabes más de lo que crees!

a. ¿Cuál es la versión actual de estos elementos?

Hoguera	Asiento de piedra	Armario de piedra
C◆c◆n◆	◆o◆á	N◆v◆r◆

b. Haz una lista de cinco máquinas que utilicen ruedas. ¿Por qué dice el presentador que la "rocorrueda" nos hará la vida muy fácil?

3 Sigue haciéndote preguntas

- ¿Por qué no es útil medir el agua en "trompas de mamut"?
- ¿Cómo se conservaban los alimentos antes de que hubiera neveras eléctricas?

TAREA FINAL

Mejora tu colegio

Al final del bloque diseñarás un juego de mesa sobre la materia y las máquinas, y lo podrás donar al colegio.

5 La materia y las fuerzas

Conocer las propiedades de la materia.

¿Qué pesa más, un kilo de plomo o un kilo de plumas?

Relacionar las propiedades de los materiales con su uso.

¿Por qué los libros se fabrican con papel y no con piedra?

Identificar los efectos de las fuerzas.

¿Cómo puedes mover un cochecito de chapa sin tocarlo?

smMasSavia.com

Lo que ya sé.

Nos activamos

1 **COMPARA.** ¿Cuál de estos dos burros crees que arrastra el carro más pesado?

Comprendemos

Los dos carros pesan lo mismo, 100 kg; aunque la paja ocupa más espacio.

Propiedades generales de la materia

Todo lo que nos rodea, como la ropa, el agua o el aire, tiene masa y ocupa un espacio. Por eso decimos que es **materia**.

La masa y el volumen son **propiedades generales** de la materia:

- La **masa** es la cantidad de materia de un cuerpo. Se mide con **balanzas**. Su valor se expresa en gramos o en kilogramos.

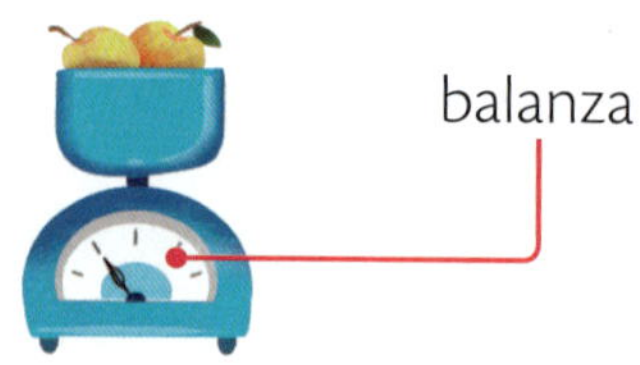

- El **volumen** es el espacio que ocupa un cuerpo. Se mide con **vasos medidores** y **probetas**. Su valor se suele expresar en litros.

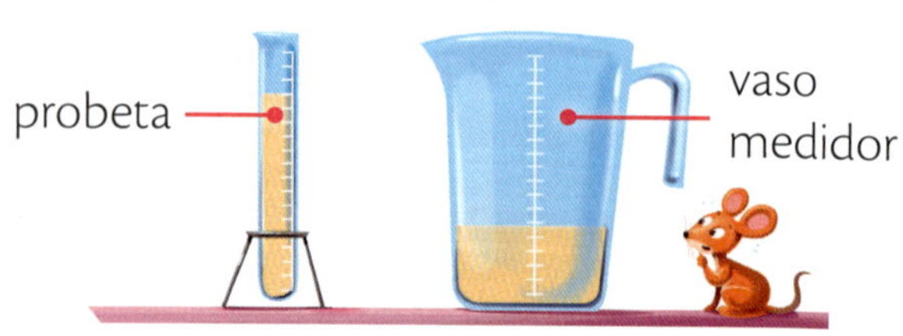

Propiedades específicas de la materia

Hay otras propiedades que permiten diferenciar unas sustancias de otras. Son las **propiedades específicas.**

Algunas propiedades específicas importantes son:

- **Dureza.** Una sustancia es **dura** si resulta difícil de rayar. Y es **blanda** cuando se raya fácilmente.
- **Flexibilidad.** Una sustancia es **flexible** si se dobla sin romperse. Y es **rígida** cuando no se puede doblar.
- **Conducción del calor.** Una sustancia es **conductora** si transmite el calor. Y es **aislante** si no lo hace.
- **Resistencia.** Una sustancia es **resistente** cuando soporta los golpes. Y es **frágil** si se rompe al golpearla.
- **Densidad.** Es el cociente entre la masa de un cuerpo y su volumen.

Estas canicas, una de vidrio y otra de acero, tienen un volumen parecido. Pero la de vidrio tiene menos masa y se rompe fácilmente.

La **materia** es todo lo que tiene **masa** y ocupa un espacio; es decir, tiene **volumen**.

Taller — Aplicamos

1 litro son 1000 mililitros
1 L = 1000 mL

2 COMPRUEBA si es cierto. Consigue un envase de zumo que te guste. Busca en la etiqueta del zumo la masa y el volumen del líquido.

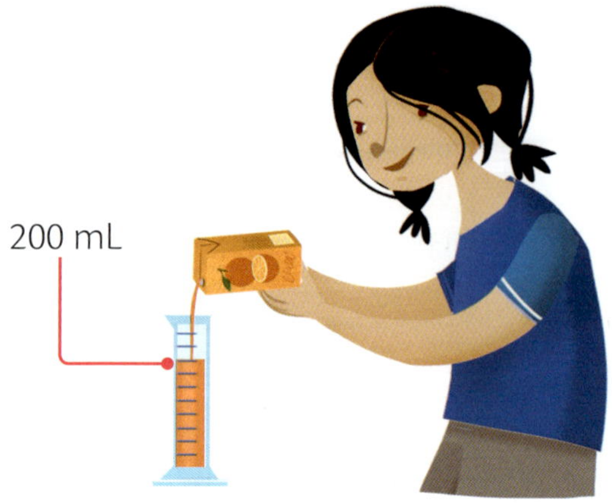

Mide el volumen: vierte el zumo en una probeta o en un vaso medidor y anota su volumen.

Mide la masa: para ello tienes que restar la masa de la probeta vacía del dato que marca la balanza.

- ¿Eran correctos los datos de la etiqueta?

3 COMPARA. Entre sus juguetes, Jorge ha encontrado un submarino y una canica. Le gustaría averiguar cuál de los dos juguetes tiene más volumen. Para ello, utiliza un vaso medidor y unos rotuladores de colores.

Primero llena de agua el vaso y marca el nivel con un rotulador.

Después, introduce su canica y vuelve a hacer una marca de otro color.

Ahora introduce su submarino y hace otra marca en el vaso.

a. ¿Qué juguete tiene mayor volumen?

b. ¿Qué sucedería con el nivel del agua si introdujese una naranja?

4 **REFLEXIONA.** ¿De qué material crees que debería ser el cucharón con el que revuelve Carlos la salsa, de madera o de metal? ¿Por qué?

5 **ORDENA** los objetos de la derecha según las indicaciones:

a. De menor masa a mayor masa.

b. De menor volumen a mayor volumen.

6 **INVESTIGA** las propiedades específicas de la materia.

a. Colocamos un gran peso sobre tres canicas, una de acero, una de vidrio y una de goma. ¿Qué ocurre?

b. Ahora las pesamos. ¿Cuál es su masa?

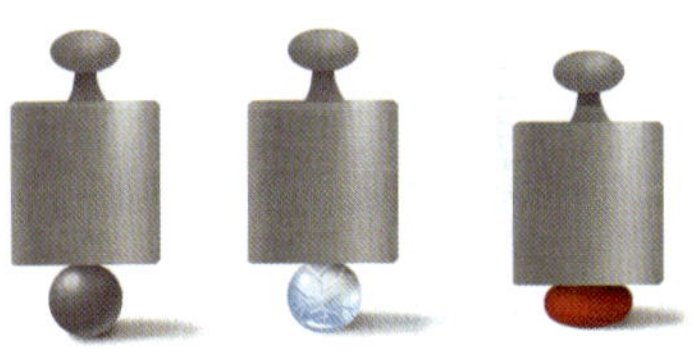

c. Completa una ficha con sus propiedades.

Canica	Resistencia	Masa
Acero	Mucha	10,8 g
Vidrio	◆◆◆	◆◆◆
Goma	◆◆◆	◆◆◆

7 **DEDUCE.** ¿Se podría parar en seco un avión a reacción si se fabricara un cable del grosor de un lápiz y treinta kilómetros de longitud con el material de las telas de araña?

a. ¿Qué otros materiales resistentes conoces?

b. Indica algunos objetos que mejorarían si se pudiesen fabricar con hilo de tela de araña.

Taller — Nos activamos

1 EXPERIMENTA con la densidad y la flotabilidad.

Paso 1. Coge una pelota de pimpón y otra de golf y compara sus masas mediante una báscula. ¿Qué pelota tiene mayor masa?

Paso 2. Mide ahora su volumen en una probeta. Como la pelota de pimpón flota, ayúdate de un lápiz para que quede totalmente sumergida.

Elige la opción correcta comparando las masas y los volúmenes de las dos pelotas:

- La masa de la pelota de pimpón es mayor/igual/menor que la masa de la pelota de golf.
- El volumen de la pelota de pimpón es mayor/igual/menor que el volumen de la pelota de golf.

Paso 3. Observa qué ocurre cuando introducimos las pelotas en la probeta.

¿Por qué la pelota de golf se hunde y la de pimpón no? Emite una hipótesis.

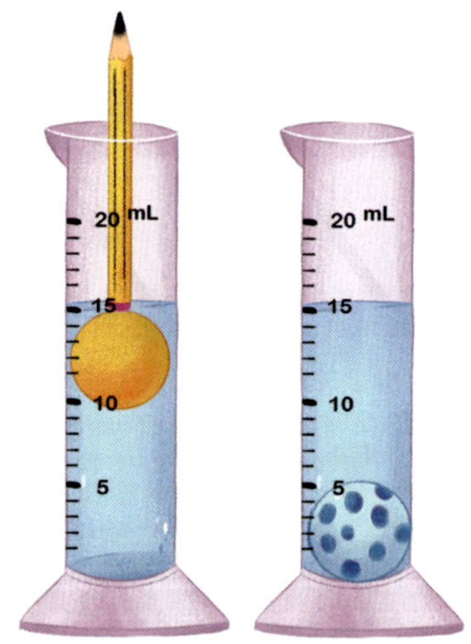

pelota de pimpón   pelota de golf

Comprendemos

Si dos pelotas, como la de golf y la de pimpón, tienen el mismo volumen, pero la de golf tiene más masa, se dice que la pelota de golf es **más densa** que la de pimpón.

La **densidad** es la relación entre la masa y el volumen. Además, la densidad es una propiedad específica de la materia que permite diferenciar una sustancia de otra. Es decir, **cada sustancia tiene una densidad propia**.

smMasSavia.com

Descubre qué objetos tienen mayor densidad.

Densidad y flotabilidad

Que un cuerpo flote en el agua depende de su densidad.

- Los objetos que tienen una densidad menor que la del agua flotan en ella. Por ejemplo, la madera, el plástico o el aceite.
- Los objetos cuya densidad es mayor que la del agua se hunden en ella. Por ejemplo, el metal, la roca o el cristal.

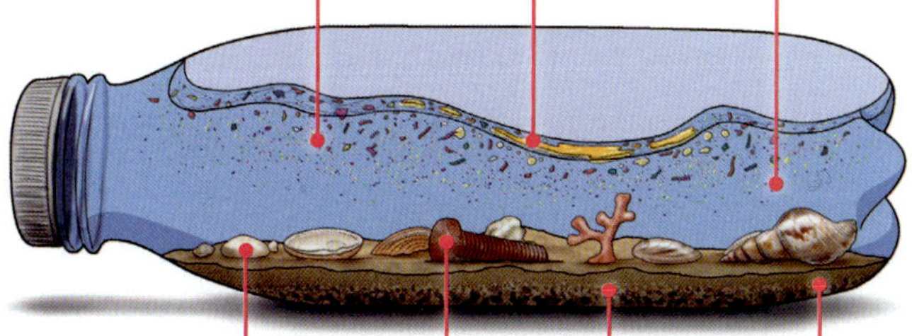

2 **¿Por qué flota un objeto en el agua? ¿Y por qué un cuerpo se hunde en el agua?**

- La **densidad** es una propiedad característica de la materia y es la relación entre la masa y el volumen.
- Un cuerpo se **hunde** si es **más denso** que el líquido en el que se encuentra, y **flota** si es **menos denso** que él.

Aplicamos

3 **Reflexiona.** Objetos como bolsas y otros envases de plástico, latas de bebidas o restos de petróleo y aceite se vierten al mar cada día. Son los llamados *residuos*, y suponen un grave peligro para los seres vivos.

a. ¿Dónde se deposita cada tipo de residuo? Explica por qué.

b. ¿Cómo podríamos eliminar este tipo de contaminación? Debate con tus compañeros.

4 **Decide.** Jugando con la plastilina, Jorge ha moldeado una bola y Marta, una taza. ¿Qué pieza crees que flotará?

Nos activamos

1 **EXPERIMENTA.** Forma una figura con un clip. Después, acerca un imán. ¿Qué cambios han sucedido?

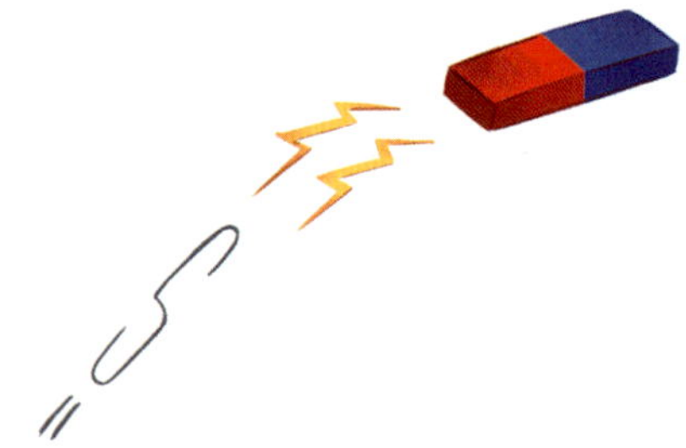

Comprendemos

El clip se ha deformado por la fuerza de los dedos. Y se ha movido por la fuerza de atracción del imán.

smMasSavia.com

Experimenta con las fuerzas en tu taller de ciencias virtual.

Efectos de las fuerzas

- **Las fuerzas cambian el movimiento.** Las fuerzas pueden hacer que un objeto parado se ponga en movimiento, o bien que un objeto en movimiento cambie su dirección, y aumente o disminuya su velocidad.
- **Las fuerzas causan deformaciones o roturas.** Si aplicamos una fuerza en un cuerpo sólido, podemos cambiar su forma. Este cambio se llama **deformación**.

Tipos de fuerzas

Las fuerzas que actúan sobre los cuerpos pueden ser:

- **Fuerzas de contacto**. Actúan cuando los cuerpos se tocan. Por ejemplo, cuando doblas un clip con tus dedos.
- **Fuerzas a distancia**. Actúan aunque los cuerpos no se toquen. Por ejemplo, cuando un imán atrae un clip o cuando la Tierra atrae un balón lanzado al aire.

2 **¿En qué se diferencian las fuerzas de contacto de las fuerzas a distancia?**

3 **Cita tres ejemplos de fuerzas de contacto y tres de fuerzas a distancia.**

4 **Si introducimos una roca en un vaso de agua, el nivel sube. ¿Qué tipo de fuerza está actuando?**

> ▶ Las fuerzas pueden **cambiar el movimiento** de un cuerpo o **deformarlo**.
>
> ▶ Existen **fuerzas de contacto** y **fuerzas a distancia** según los cuerpos se toquen o no.

Taller — Aplicamos

4 EXPERIMENTA. Construye tu propio aparato para pesar.

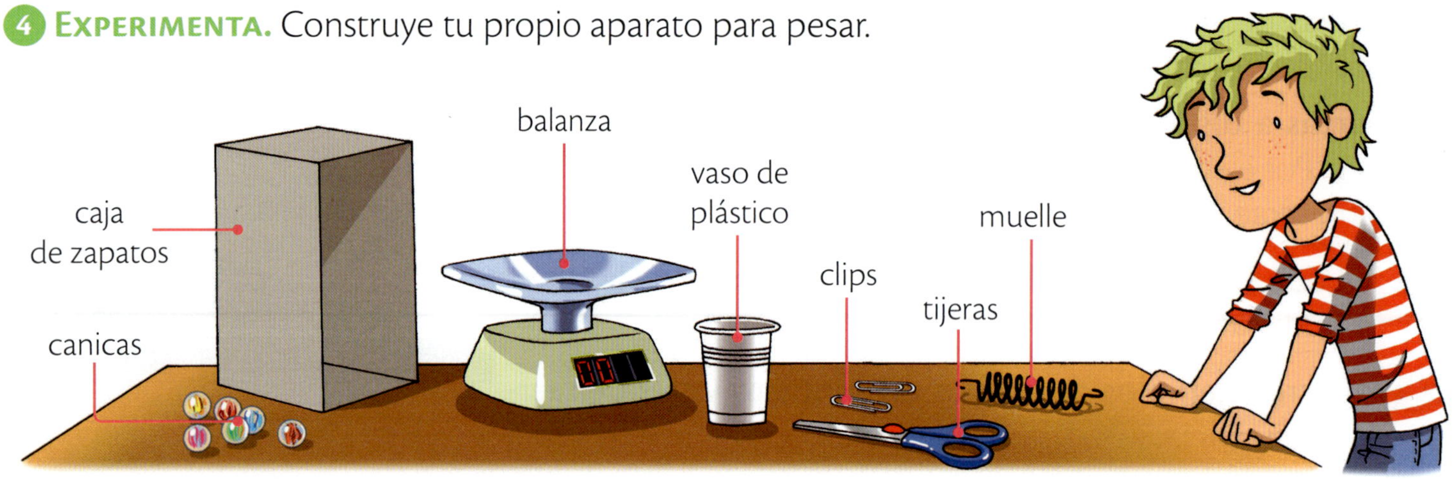

Paso 1. Haz un agujero en un lado de la caja. Por el orificio, pasa el muelle previamente enganchado a un clip en la parte superior.

Paso 2. Con otro clip, engancha el vaso al extremo inferior del muelle. Dobla el clip como se muestra en la ilustración.

Paso 3. Marca en la caja el nivel donde se encuentra el vaso vacío. Pesa en la báscula las canicas de dos en dos. Ve añadiéndolas al vaso, haz las marcas y anota las medidas.

- Si, al pesar una ciruela en tu aparato, el vaso llega a la mitad de las marcas de veinte y cuarenta gramos, ¿cuál crees que será la masa de la ciruela?

- ¿Qué efecto de la fuerza sufre el muelle?
  a. Cambio de movimiento
  b. Deformación

G I **5** **RELACIONA** los efectos de las fuerzas.

a. ¿Dónde creéis que se produce un cambio en el movimiento? ¿Y dónde una deformación?

b. Las fuerzas aplicadas, ¿son a distancia o de contacto?

TRABAJAMOS LA COMPRENSIÓN LECTORA

Newton y la fuerza de la gravedad

Isaac Newton fue un físico y matemático inglés. En 1665, una enfermedad, la peste negra, asoló las ciudades inglesas y Newton se refugió en el campo, donde tuvo grandes ideas.

Según la creencia popular, Newton, con veinte y seis años, estaba reflexionando a la sombra de un manzano cuando le cayó una manzana en la cabeza y le dio la primera idea sobre la **fuerza de la gravedad**.

La fuerza de la gravedad es la fuerza con que la Tierra atrae a los cuerpos y la llamamos **peso**.

Esta fuerza depende de la masa de los cuerpos. Cuanto mayor es la masa, mayor es la fuerza de la gravedad que ejerce un cuerpo.

6 **LOCALIZA EL TEMA.** ¿De qué trata la lectura?

A. Del descubrimiento casual de Newton.

B. Del refugio de Newton en el campo inglés.

C. De cómo se mide la fuerza de la gravedad.

7 **LOCALIZA LA IDEA PRINCIPAL.** ¿Qué explica el texto?

A. Qué es la fuerza de la gravedad y cómo depende de la Tierra.

B. Qué es la fuerza de la gravedad y cómo depende de la masa de los cuerpos.

C. Qué es la fuerza de la gravedad y cómo depende del peso de la Tierra.

8 **RELACIONA SIGNIFICADOS.** ¿Qué es el "peso" según el texto y de qué otro modo se llama?

Nos activamos

1 RAZONA. ¿Te parece buena idea usar papel para hacer un paraguas? ¿Y usar madera para hacer unas gafas?

Comprendemos

La materia con la que se fabrican los objetos se llama **material**. Cuando escogemos un material para fabricar un objeto es muy importante conocer sus **propiedades**.

Las propiedades de los materiales

Las propiedades más importantes son la transparencia, la elasticidad, la impermeabilidad y la resistencia.

Transparencia

Un material es **transparente** si se puede ver a su través. En caso contrario es **opaco**.

Elasticidad

Un material es **elástico** cuando recupera su forma después de ser estirado o doblado.

Impermeabilidad

Un material es **impermeable** cuando no deja pasar el agua. Si la deja pasar es **permeable**.

Resistencia

Un material es **resistente** si soporta pesos y golpes. Si se rompe con los golpes es **frágil**.

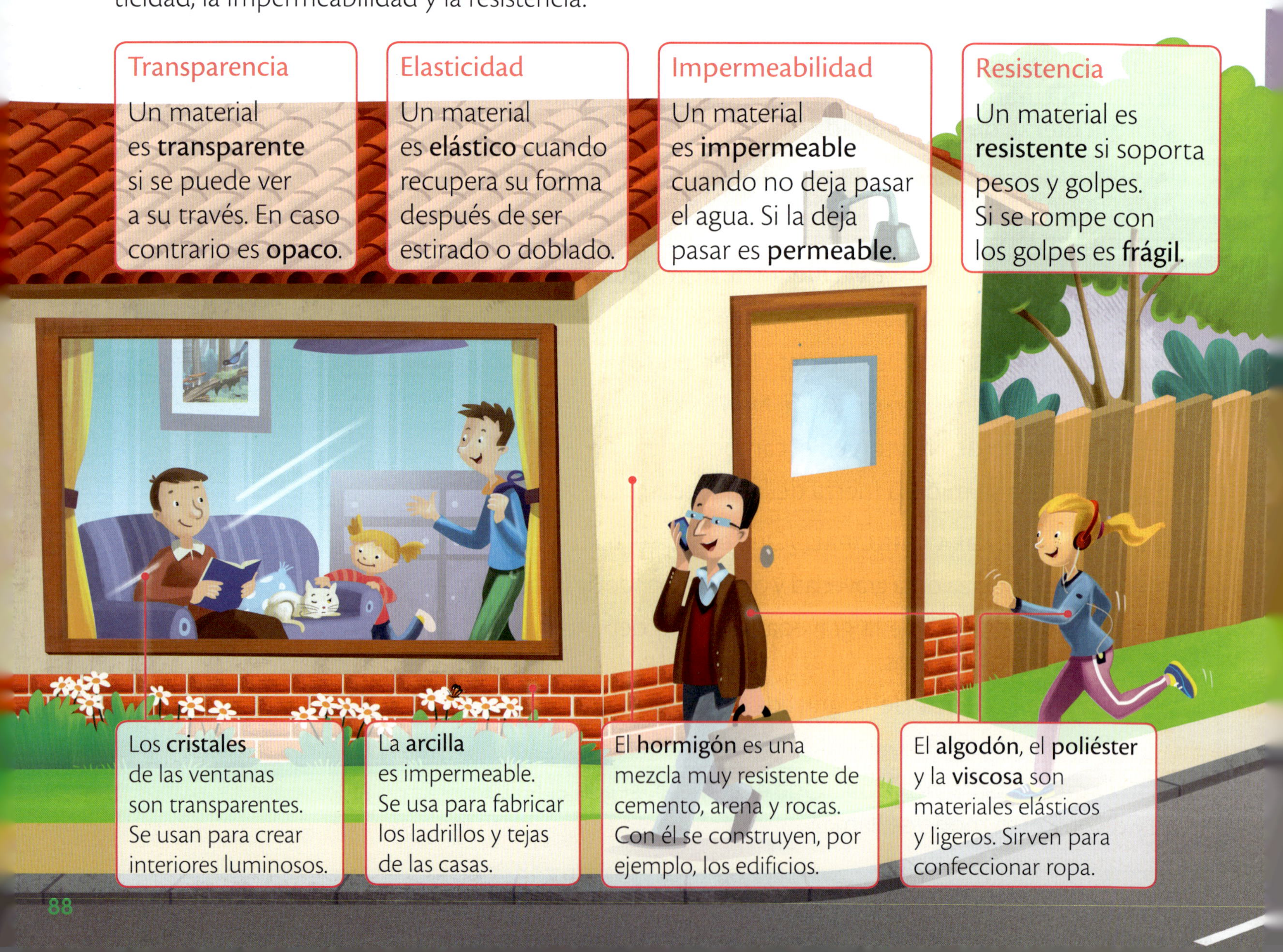

Los **cristales** de las ventanas son transparentes. Se usan para crear interiores luminosos.

La **arcilla** es impermeable. Se usa para fabricar los ladrillos y tejas de las casas.

El **hormigón** es una mezcla muy resistente de cemento, arena y rocas. Con él se construyen, por ejemplo, los edificios.

El **algodón**, el **poliéster** y la **viscosa** son materiales elásticos y ligeros. Sirven para confeccionar ropa.

¿Para qué utilizamos los materiales?

Algunos ejemplos de los usos de los materiales son:

- Para construir **edificios y carreteras** se utilizan materiales resistentes e impermeables, como el hormigón y el asfalto, que soportan bien los grandes pesos y la acción de la lluvia.
- Para confeccionar **ropa y calzado** se buscan materiales resistentes y que, a la vez, resulten elásticos, ligeros y suaves para que estemos cómodos, como el algodón y el poliéster.
- Para fabricar **máquinas y herramientas** se usan materiales resistentes, como el acero. Las partes por las que las sujetamos suelen ser de materiales aislantes que nos protegen del calor y de la electricidad, como la goma, el plástico y la madera.

smMasSavia.com

Las propiedades de los materiales.

Las propiedades de los materiales los hacen útiles para fabricar objetos.

Aplicamos

2 **Deduce.** ¿Qué propiedades de los materiales están relacionadas con los siguientes objetos?

gafas | balón | chubasquero | martillo

COMPROBAMOS LO APRENDIDO

1 **REPASA** la unidad con este esquema. Luego, añade los tipos de propiedades específicas.

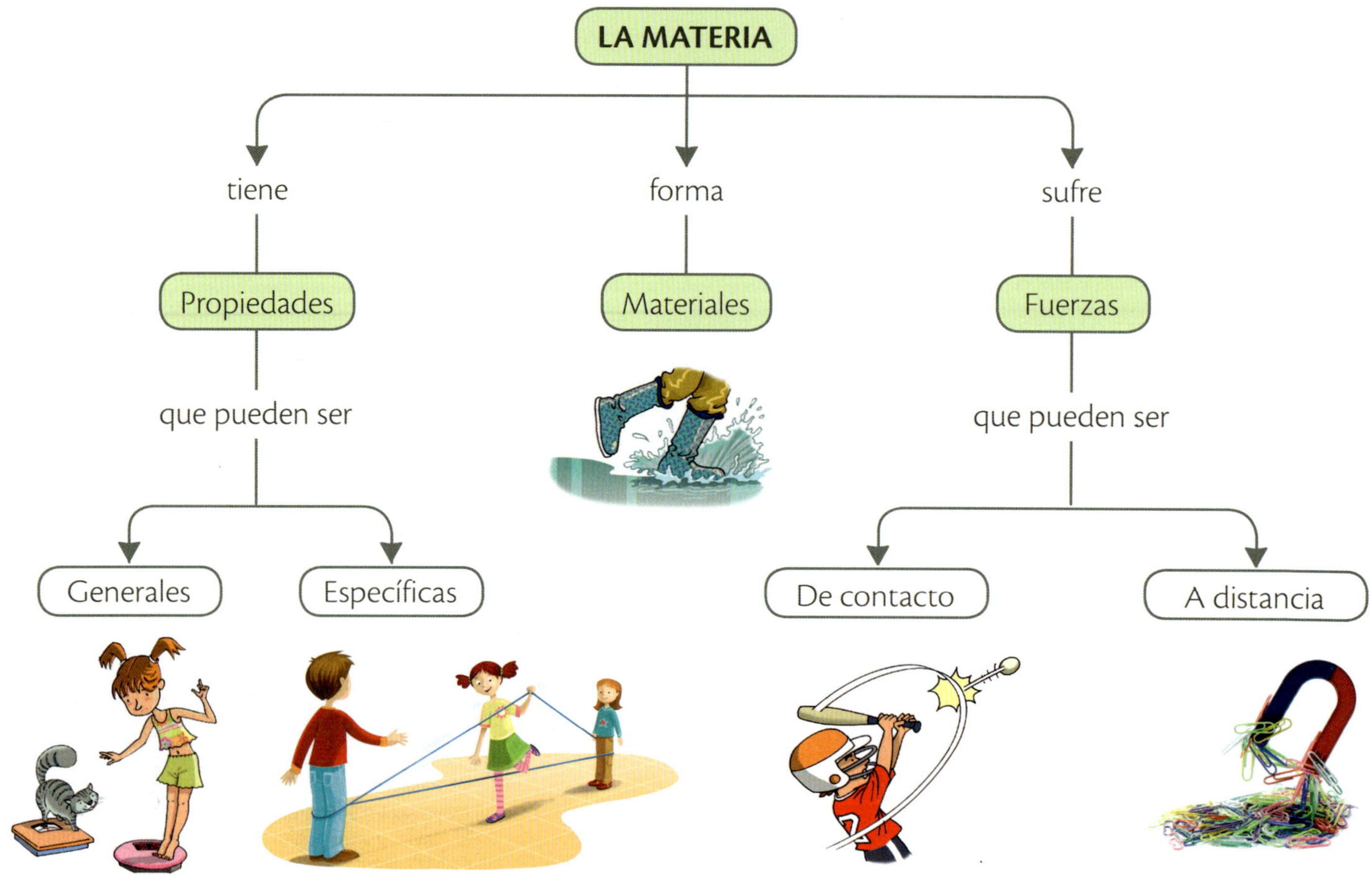

2 **RELACIONA.** De los siguientes instrumentos, ¿cuáles sirven para medir las propiedades generales de la materia?

balanza

vaso medidor

termómetro

regla

3 **ELIGE.** ¿Cuál de los siguientes bloques es más denso? ¿Cuál es menos denso?

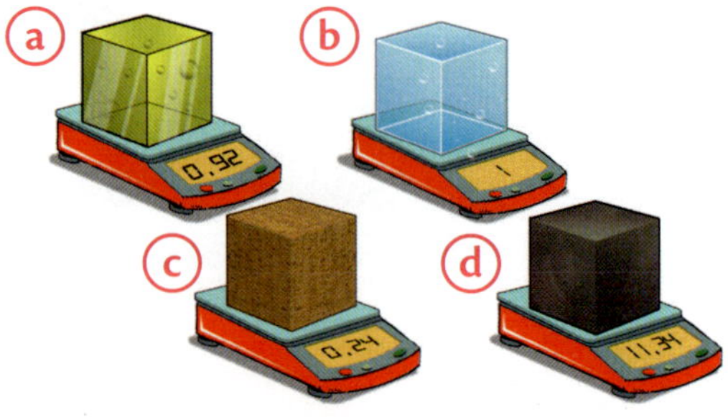

4 **COMPLETA.** Añade al esquema los efectos que las fuerzas producen sobre los cuerpos. Relaciónalos con estos dibujos.

5 **PREPARA LA TAREA.** Escribe en tu cuaderno tres preguntas cortas relacionadas con lo que has trabajado en la unidad. A continuación, indica sus respuestas. Piensa también en una prueba de dibujo y otra de expresión corporal.

6 LLEGA A UNA CONCLUSIÓN. Observa la imagen y contesta a las preguntas.

a. Enumera los principales materiales que se usan en una bicicleta.

b. Al subirte a la bicicleta, ¿qué partes se deforman? Explica tu respuesta.

- El sillín
- Los pedales
- Los neumáticos
- El manillar

c. ¿Qué efecto tiene la fuerza que ejerces cuando pedaleas? ¿Y cuándo frenas?

d. Si aprietas el neumático para comprobar el aire que tiene, ¿qué efecto ejerce ahora la fuerza que aplicas?

e. Las bicicletas fabricadas con aluminio son ligeras, pero no muy resistentes. ¿Con qué otro metal podría fabricarse una bicicleta más resistente?

Mi diario

1. ¿Qué he aprendido sobre las fuerzas que me gustaría contar a mi familia?
2. ¿Me ha ayudado alguien hoy y se lo quiero agradecer ahora?
3. ¿En qué momento me he sentido mejor hoy?

smMasSavia.com | Autoevaluación.

6 Máquinas e inventos

En esta unidad, vamos a:

Conocer las principales aplicaciones de las máquinas.

¿Qué máquinas has usado hoy?

Conocer las máquinas simples más importantes.

En los pozos hay poleas, ¿para qué sirven?

Conocer grandes inventos y descubrimientos.

¿Qué es un escáner? ¿Para qué sirve?

smMasSavia.com

Lo que ya sé.

1 Las máquinas

Nos activamos

1 **Observa** la imagen y escribe para qué está utilizando la barra el bombero. ¿Podrá levantar la piedra?

Comprendemos

Aunque te resulte un poco extraño, la barra es una máquina. Las máquinas reducen nuestro esfuerzo, nos ahorran tiempo y nos hacen más cómodas las tareas.

Tipos de máquinas

Vivimos rodeados de máquinas y aparatos que nos facilitan muchas tareas. Según el número de piezas, podemos clasificar las máquinas en dos tipos:

- **Máquinas simples**. Tienen una o muy pocas piezas, como la palanca, la rueda, la polea o el plano inclinado.
- **Máquinas compuestas**. Están formadas por muchas piezas, algunas de las cuales pueden ser máquinas simples. Una bicicleta o un ordenador son máquinas compuestas.

2 **¿En qué se diferencia una máquina simple de una compuesta? Pon un ejemplo de cada tipo.**

¿Cómo funcionan las máquinas?

Para que una máquina funcione necesita energía. Según el tipo de energía que utilicen para funcionar, clasificamos las máquinas en **manuales**, **eléctricas** o **térmicas**.

- Las máquinas pueden ser **simples** o **compuestas**, según el número de piezas.
- Las máquinas pueden ser **manuales**, **eléctricas** o **térmicas**, según la energía que utilicen para funcionar.

Aplicamos

3 **CLASIFICA** las siguientes máquinas en manuales, eléctricas o térmicas. ¿Cuáles de ellas son máquinas simples?

a

b

c

d

Taller

Nos activamos

1 **Experimenta** con una escoba. ¿Cuándo te ha costado menos subir la mochila?

Comprendemos

Con un palo de escoba, Ángel ha montado una palanca que transmite su fuerza para levantar la mochila.

Partes de una palanca

La palanca es una máquina simple cuyas partes son:

Tipos de palancas

Según el lugar en el que se sitúen el punto de apoyo, la carga y la fuerza, existen tres tipos de palancas: de primer género, de segundo género y de tercer género.

De primer género

El punto de apoyo se sitúa entre la carga y la fuerza, como ocurre en el balancín.

De segundo género

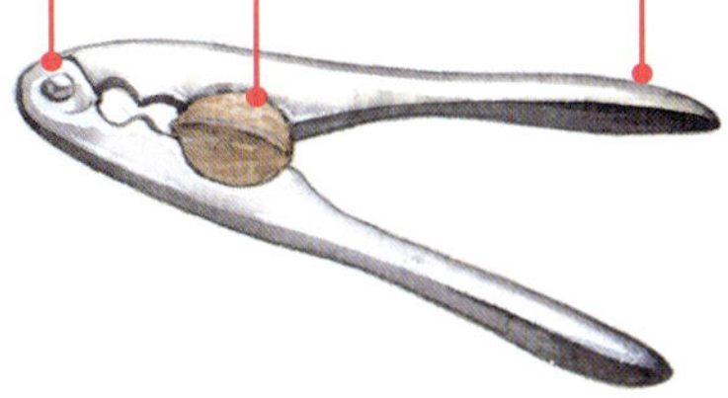

El punto de apoyo está en un extremo, la fuerza está en el otro extremo y, en medio, la carga.

De tercer género

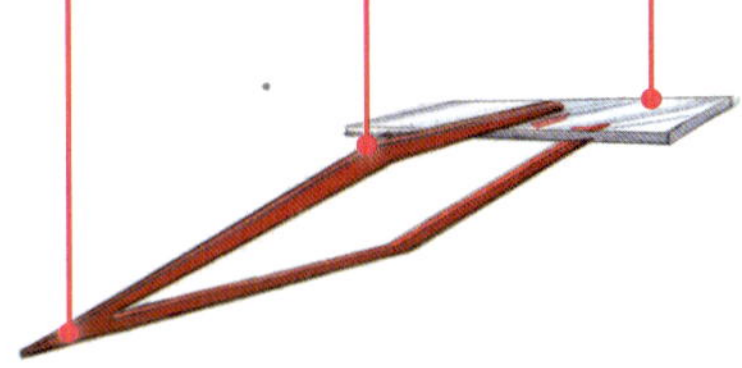

El punto de apoyo está en un extremo, la carga está en el otro y, en medio, la fuerza, como ocurre en las pinzas.

- La **palanca** es un tipo de máquina simple que sirve para transmitir fuerzas.
- Hay tres tipos de palancas según dónde se sitúen sus elementos: las de **primer género**, las de **segundo género** y las de **tercer género**.

smSaviadigital.com

Palancas en tu vida.

Aplicamos

2 ANALIZA. Observa con atención las imágenes. ¿En qué posición resultará más fácil levantar el libro? Justifica tu respuesta.

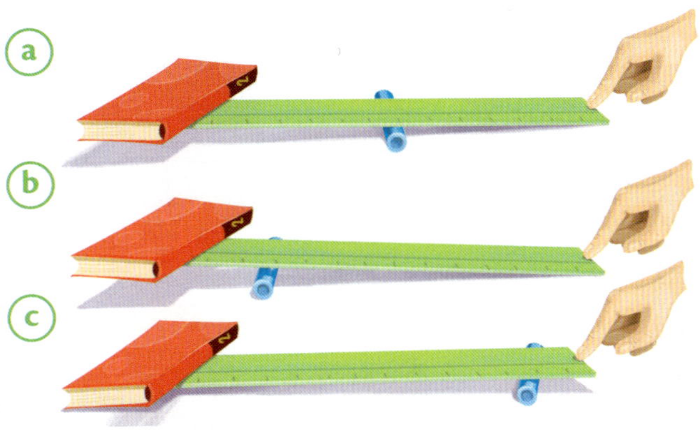

3 IDENTIFICA. Observa las tres palancas de la actividad 1 de la página anterior.

a. ¿De qué tipo es cada una de ellas?

b. Señala el lugar donde se encuentran la fuerza, la carga y el punto de apoyo en las tres palancas.

4 IDENTIFICA. Indica qué tipo de palanca es el martillo cuando se utiliza para sacar un clavo. Justifica tu respuesta.

Nos activamos

1 IDENTIFICA. Nuria y su familia se mudan. ¿Cómo conseguirán subir todas sus cosas a su nueva casa? Identifica las máquinas que se utilizan para ello.

Comprendemos

Los transportistas utilizan en su trabajo máquinas simples, como el **plano inclinado** y la **polea**. De esta forma, consiguen mover grandes pesos con menor esfuerzo.

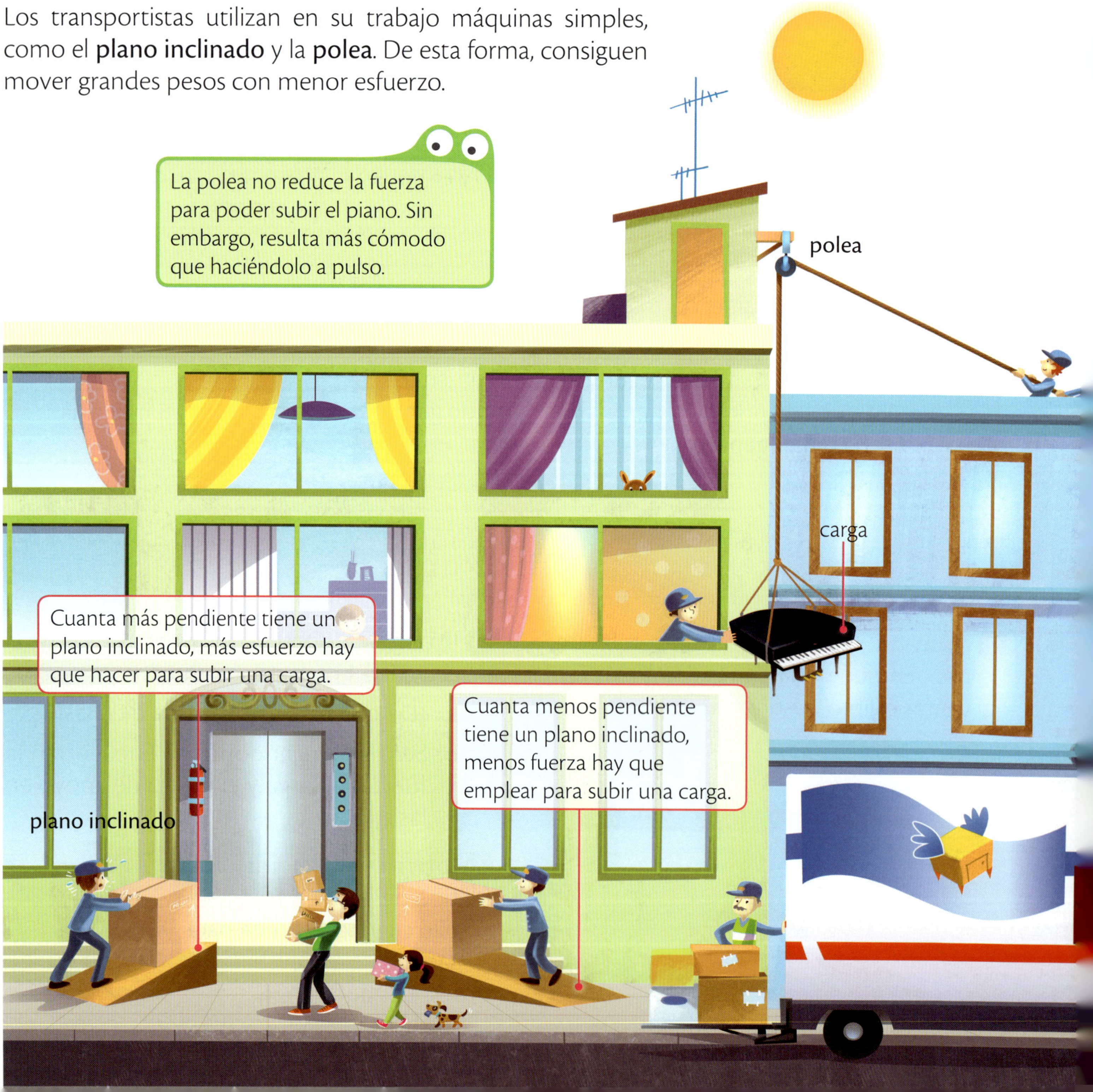

El plano inclinado

El plano inclinado también se llama *rampa* y se usa para subir objetos con menos esfuerzo, deslizándolos o arrastrándolos por el suelo.

La polea

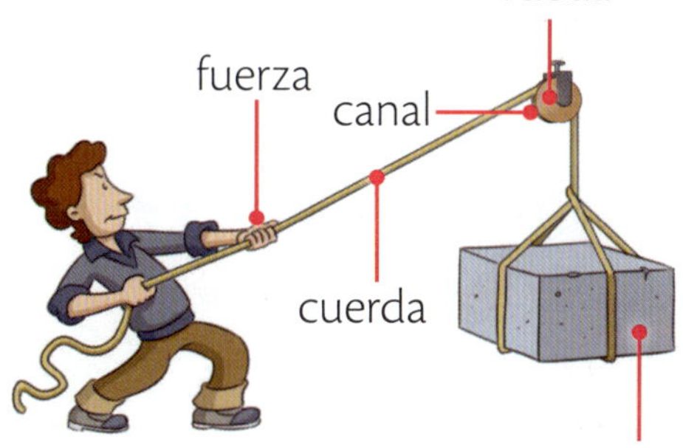

La polea es una máquina muy útil porque permite levantar el peso de forma más cómoda que si se hiciera a pulso. La polea está formada por una rueda con un surco o canal por donde se desliza una cuerda. En un extremo de la cuerda se pone una carga y desde el otro extremo se tira.

- El **plano inclinado** es una rampa que se utiliza para subir objetos con menos esfuerzo.
- La **polea** se usa para elevar objetos de forma más cómoda.

Los conjuntos de poleas, es decir, la unión de dos o más poleas, reducen la fuerza que debemos aplicar al levantar los pesos.

Taller — Aplicamos

2 **CONSTRUYE** una máquina.

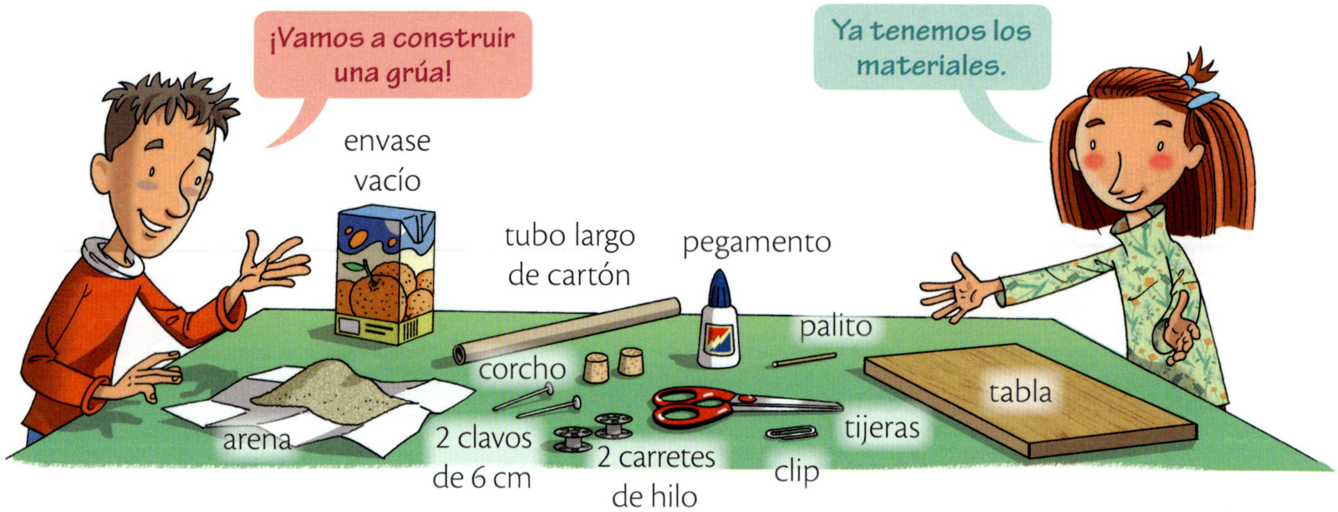

Paso 1. Realiza la base de la grúa.

Para ello, recorta con ayuda de un adulto un agujero del grosor del tubo de cartón cerca del borde del envase. Después, pega el envase a la tabla y llénalo de arena.

Paso 2. Construye el brazo de la grúa.

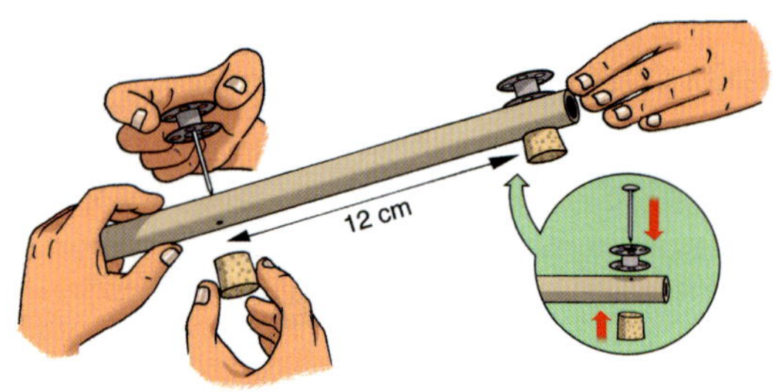

Clava uno de los carretes en el tubo usando los clavos. Clava el otro carrete a doce centímetros. Cubre la punta de ambos clavos con un trozo de corcho.

Paso 3. Engancha las partes.

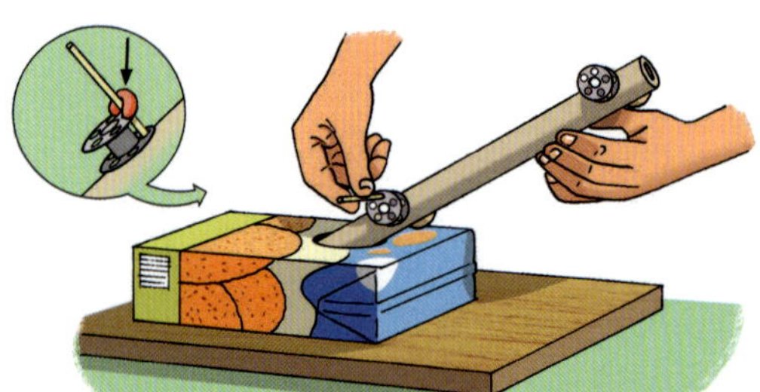

Mete el tubo por el agujero del envase y haz una manivela. Para ello, introduce el palito en uno de los orificios del carrete inferior y sujétalo con plastilina.

Paso 4. Incorpora el hilo.

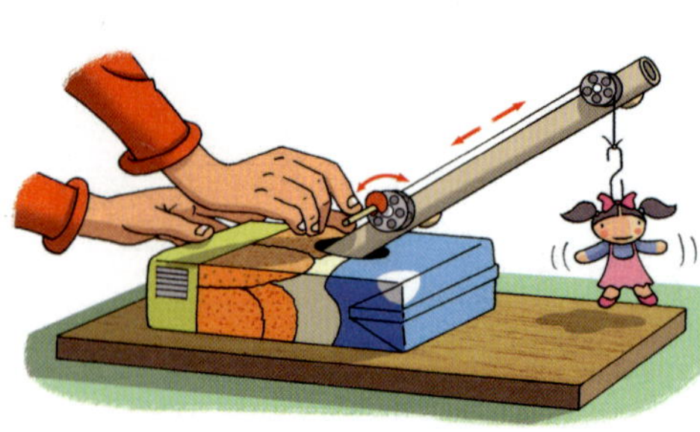

Pasa el hilo del carrete inferior sobre el carrete superior. En el extremo, ata un clip que servirá de gancho. ¡Ya tenemos lista nuestra grúa!

I G **3** **RAZONA.** ¿Qué tipo de máquina crees que es la grúa? Explica tu respuesta.

4 **ANALIZA.** ¿Qué ocurre si el hilo solo pasa por el carrete inferior?

I G **5 OBSERVA Y DECIDE.** Rocío y Carlos quieren llegar al castillo. ¿Qué camino deben elegir?

a. ¿Qué ventaja tiene el Camino Torcido pese a ser más largo y sinuoso?

b. ¿Con qué máquina simple se relacionan estos caminos?

TRABAJAMOS LA COMPRENSIÓN LECTORA

El tornillo, un plano inclinado "enrollado"

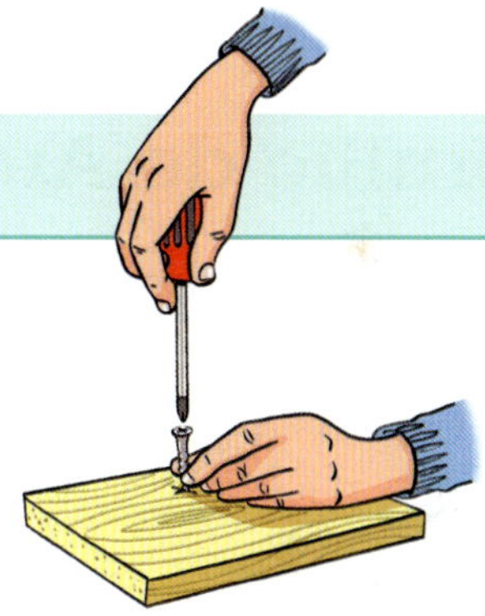

Los tornillos son muy útiles, sobre todo para unir piezas. Solo con la fuerza de la mano podemos introducirlos en una madera o en una pared, aunque tengamos que dar muchas vueltas con el destornillador.

Pero ¿sabías que el tornillo también es una máquina simple? Si lo "desenrollamos" obtenemos un plano inclinado, pero tan largo que no sería útil.

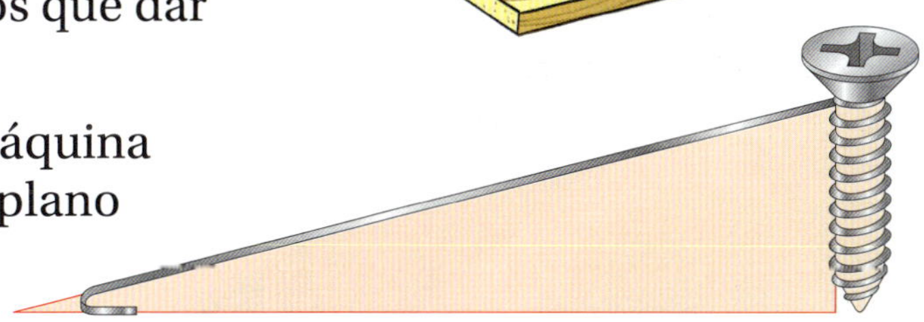

6 LOCALIZA LA IDEA PRINCIPAL. ¿Cuál es la idea más importante del texto?

A. Los tornillos son un plano inclinado.

B. Los tornillos sirven para unir piezas.

C. Los tornillos se utilizan con un destornillador.

C. Los tornillos se introducen en una pared.

7 FÍJATE EN LO QUE DICE EL TEXTO. En el texto se dice que los tornillos son máquinas simples. ¿Qué quiere decir esto? Explícalo con tus palabras.

Nos activamos

1 **INVESTIGA.** Arquímedes fue un sabio griego que vivió hace más de dos mil años. Se convirtió en el científico más importante del mundo antiguo. Observó a los hombres y animales que movían objetos pesados y se preguntó cómo podría facilitarles el trabajo.

- Investiga qué máquinas inventó Arquímedes y para qué servían.

Comprendemos

Las máquinas de Arquímedes se inspiran en las máquinas simples que hemos visto. Entre sus numerosos inventos, destacan el **tornillo** y la **garra**.

El tornillo de Arquímedes

El tornillo de Arquímedes todavía se usa en la actualidad para subir agua a los canales de riego.

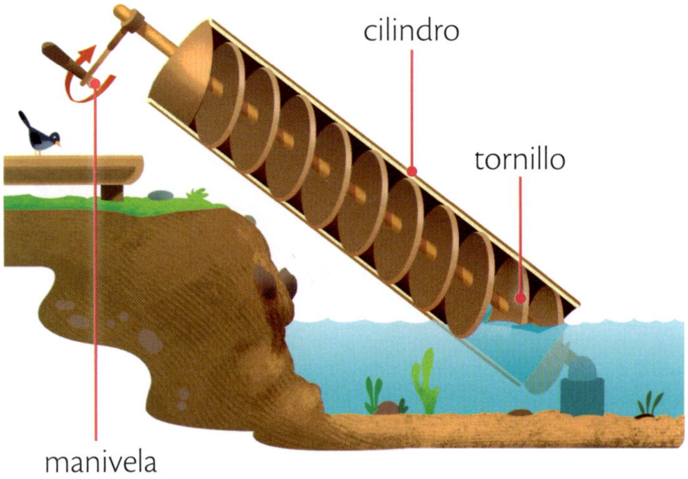

Para conseguirlo, se coloca un tornillo dentro de un cilindro. Un extremo se introduce en el líquido y en el otro se coloca una manivela.

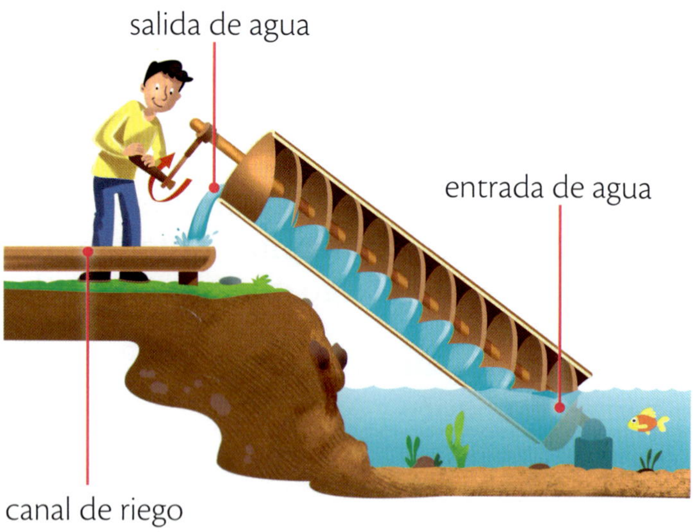

Al girar el mecanismo, el agua va ascendiendo por el tornillo y acaba saliendo por el extremo opuesto.

2 **¿Qué máquinas simples identificas en el tornillo de Arquímedes?**

3 **¿Para qué se utiliza el tornillo de Arquímedes?**

La garra

La garra fue diseñada por Arquímedes para defender su ciudad natal, Siracusa, del ataque del Imperio romano.

Estaba formada por una barra. En uno de los extremos colgaba un gancho y, en el otro, había un sistema de poleas tirado por animales.

Al tirar los animales de las cuerdas, la máquina conseguía levantar los barcos enemigos. Al soltarlos de golpe, se rompían.

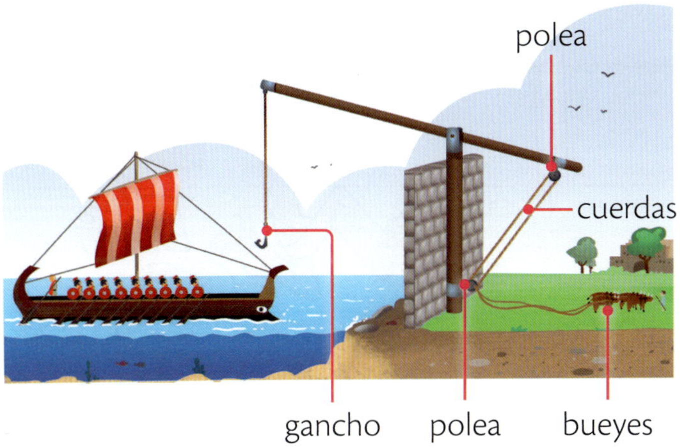

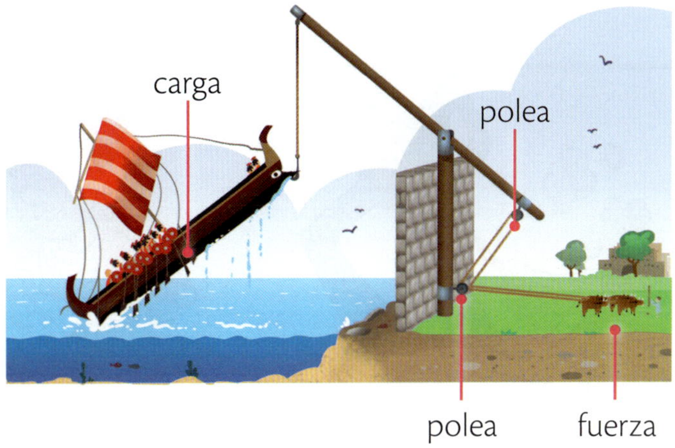

4 ¿Cómo funciona la garra de Arquímedes?

Arquímedes fue un sabio griego que inventó máquinas como el **tornillo de Arquímedes** y la **garra**.

Aplicamos

5 **COMPLETA** en tu cuaderno la presentación que hace Arquímedes de sí mismo.

smSaviadigital.com

Las máquinas de Arquímedes.

6 **ANALIZA.** Arquímedes dijo: "Dadme un punto de apoyo y moveré el mundo". ¿A qué se refería con esta frase? ¿En qué máquina simple estaba pensando?

Nos activamos

Los inventos son siempre originales, y también protagonistas de muchas exposiciones. ¿Conoces el Museo de Ideas e Inventos de Barcelona? ¡Es realmente interesante!

Una fregona con micrófono para cantar mientras fregamos.

Un curioso envase para cocinar… ¡huevos de forma cuadrada!

Un despertador que, cuando suena, rueda por el suelo de la habitación.

G I **1** **IMAGINA** alguna actividad que te encantaría que pudiera hacer una máquina. ¿De qué actividad se trataría? ¿Cómo sería la máquina?

Comprendemos

Cuando surge una necesidad humana, los científicos inventan una máquina que intenta resolverla. Por ejemplo, para poder sujetar objetos, se inventó la pinza. Existen varios modelos, pero aunque puedan ser diferentes, todos ellos cumplen la misma función.

smMasSavia.com

Inventos.

Para sujetar papeles.

Para sujetar ropa.

Para coger hielo.

2 ¿Qué tipo de máquina es una pinza?

Grandes inventos

Los científicos siguen ideando nuevos inventos que cada día nos facilitan más la vida. Los campos más importantes son los transportes, la medicina y las comunicaciones.

En el **campo de la medicina** destacan inventos como el escáner o la máquina de rayos X, que nos permiten ver el cuerpo por dentro.

En el **campo de los transportes** son muy importantes los aviones, las naves espaciales, los coches y los trenes de alta velocidad.

En el **hogar** destaca la **domótica**, que es la automatización del uso de electrodomésticos, climatización y seguridad.

En el **campo de las comunicaciones** destacan el teléfono móvil y el ordenador. Gracias a ellos, podemos comunicarnos con personas que están a miles de kilómetros de forma inmediata.

Los avances en los campos de la **medicina**, de los **transportes** y de la **comunicación** han supuesto una mejora en la calidad de vida de las personas.

Aplicamos

3 **INVESTIGA.** Elena García Armada es una ingeniera e investigadora que ha creado el primer exoesqueleto para niños. ¿Para qué crees que sirve esta máquina? ¿A quién podría ayudar? Explícalo con tus palabras.

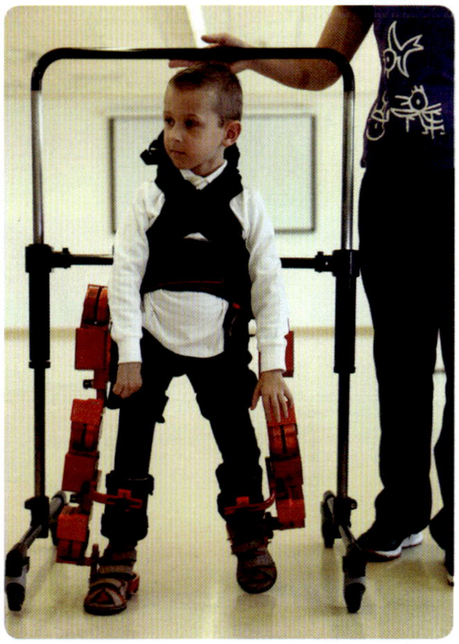

COMPROBAMOS LO APRENDIDO

1 **REPASA** la unidad con este esquema. Después, añade en tu cuaderno cómo se clasifican las máquinas según la energía que utilizan.

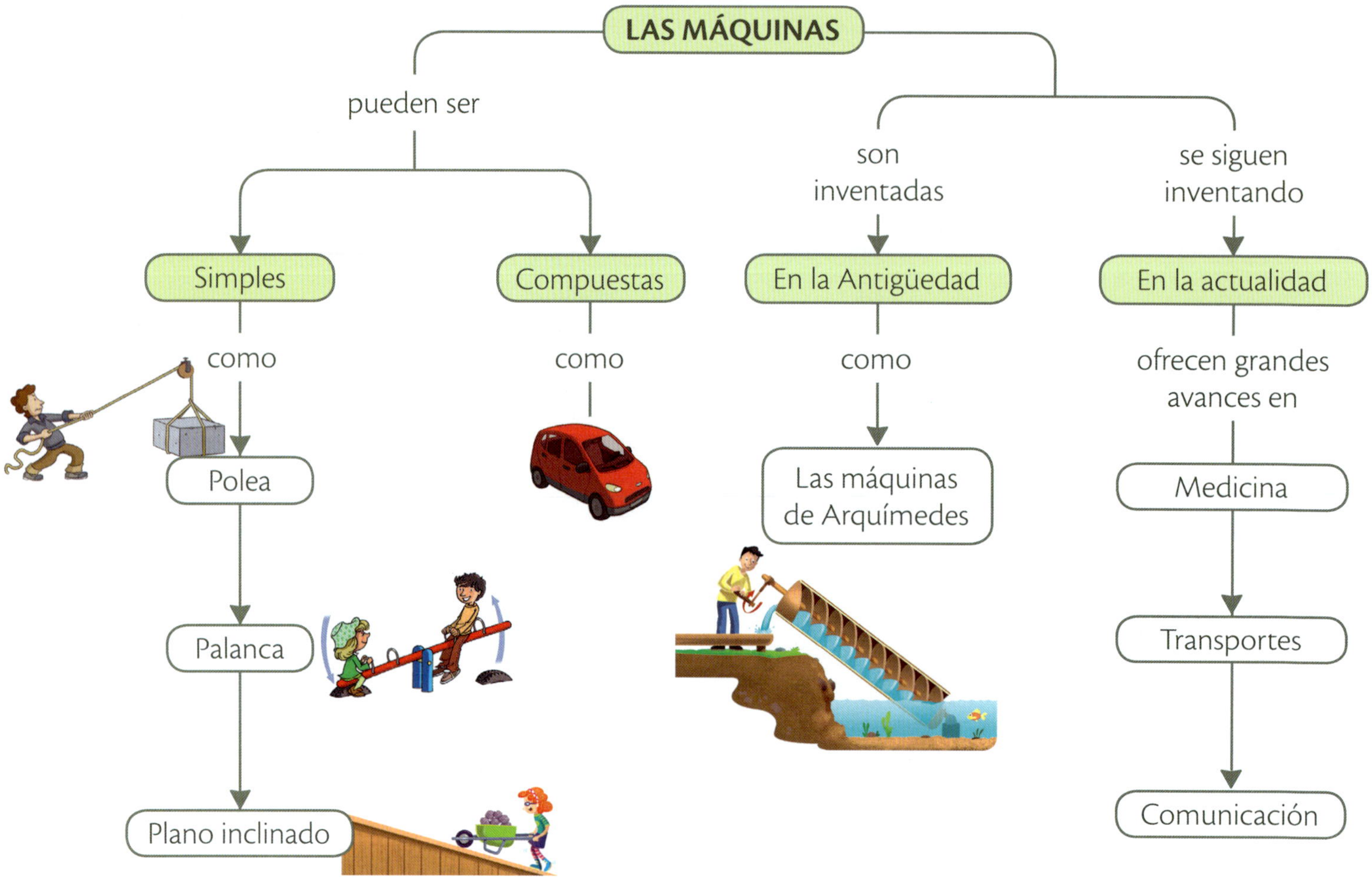

2 **COMPLETA.** ¿En qué partes del esquema colocarías las siguientes palabras?

GPS · canal · barra rígida · rueda · punto de apoyo

3 **CLASIFICA** estas máquinas como palancas de primer, segundo o tercer género.

4 **IDENTIFICA.** ¿Qué máquina o máquinas pueden facilitar el trabajo de Eva y Luis para subir la carga?

5 **ANALIZA** las soluciones que encontraron los antiguos sumerios hace cinco mil años y, a continuación, contesta a las preguntas.

¿Qué tipo de palanca utilizaban para sacar agua? ¿Ahorraban esfuerzo?

¿Qué ventaja tiene el uso de la polea para sacar agua del pozo?

6 **PREPARA LA TAREA.** Prepara tres preguntas cortas relacionadas con lo que has trabajado en la unidad para el gran juego de la tarea, y sus respectivas respuestas. Piensa también en una prueba de dibujo y otra de expresión corporal.

Mi diario

1. ¿Qué he aprendido sobre las palancas que me gustaría contar a mi familia?
2. ¿Me ha ayudado alguien hoy y se lo quiero agradecer ahora?
3. ¿En qué momento me he sentido mejor hoy?

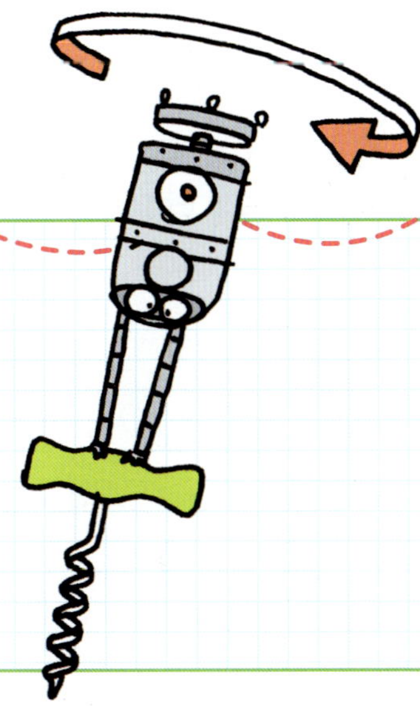

smMasSavia.com | Autoevaluación.

MEJORA TU COLEGIO

¿Qué mejor forma de acabar este curso que jugando? Eso sí, con un reto en el que demostrarás lo que has aprendido.

Prepara el gran juego

Vais a preparar un juego de mesa por equipos. Consistirá en avanzar por un tablero con casillas de colores resolviendo pruebas. Cada color representará un tipo de prueba. ¿Estáis preparados?

PASO 1 Dentro de cada equipo, poned en común las preguntas y las pruebas que cada uno ha elaborado en "Prepara la tarea".

PASO 2 Clasificad las pruebas en estas tres categorías:

mímica · dibujo · pregunta

PASO 3 Preparad las tarjetas con las pruebas. Aquí tenéis algunos ejemplos:

Representa un robot tomándose un plato de lentejas.

Dibuja una máquina que se haya roto.

Escribe el nombre de una máquina eléctrica.

PASO 4 Solo queda que decidáis las reglas del juego y diseñéis el tablero. Estas pistas os pueden ayudar:

- ¿Quién empieza la partida?
- ¿Cómo se puntúa?
- ¿Cómo se gana el juego?

El torneo

TAREA FINAL

Para que otros compañeros puedan utilizar el juego podéis preparar una caja con las explicaciones y todos los elementos del juego.

PASO 1 Repartid las tareas:

- Elegid un nombre atractivo para el juego.
- Dibujad y coloread el tablero.
- Escribid las instrucciones.
- Decorad la caja contenedora del juego.
- Haced un dado, cuatro fichas y la caja para las tarjetas.

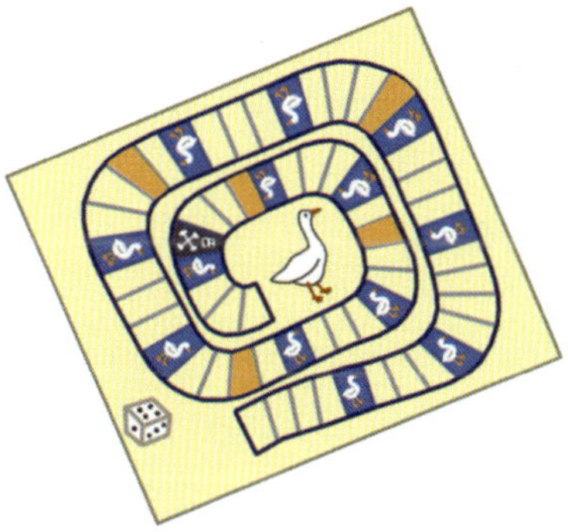

PASO 2 ¿Ya lo tenéis todo? ¡A jugar! Participad en los juegos del resto de los equipos. Después, entre todos, votad:

El juego más bonito | El juego más educativo | El juego más divertido

PASO 3 A continuación, podéis donar vuestros juegos a la biblioteca del colegio o de vuestro barrio.

Mi diario

1. Después de realizar la tarea, ¿creo que he aprendido cosas interesantes a lo largo de este curso? Hago una lista.
2. ¿Qué tipo de preguntas del juego me ha gustado más hacer? Explico por qué.
3. De todo el curso, elijo un momento especial que he compartido con mi equipo.

¿QUÉ SABÍA, QUÉ SÉ?

Ahora que ya has aprendido mucho sobre la materia, la energía y las máquinas, compara este esquema con lo que sabías antes.

volumen — **Propiedades generales** — masa

MATERIA

- → Propiedades generales
- → **Propiedades específicas** — hacen útiles los → **MATERIALES**
- cuando se utiliza en objetos son → **MATERIALES**

Propiedades específicas, como:

- Elasticidad
- Dureza
- Fragilidad
- Densidad

MATERIALES, como:

- Plástico
- Tiza
- Vidrio
- Arena

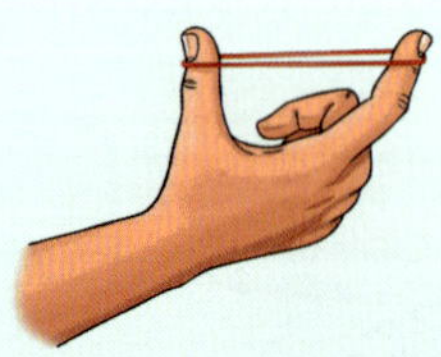

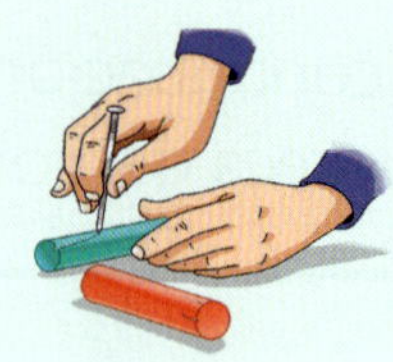

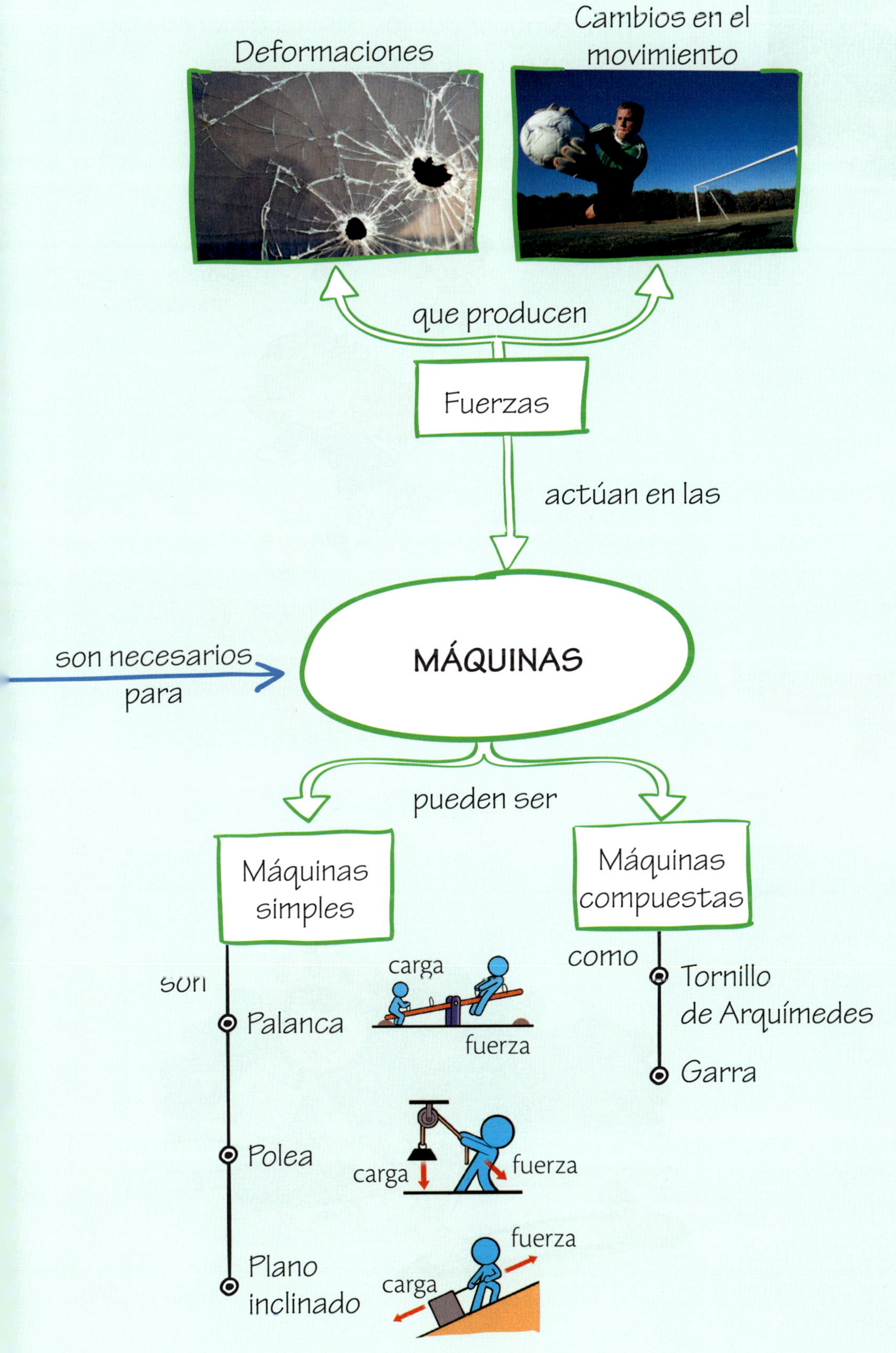

Materia y energía. Máquinas

1 Marta ha moldeado una bola y una taza de plastilina. ¿Qué pieza crees que flotará? Explica por qué.

2 Explica cómo puedes medir el volumen de un lápiz. ¿Y su densidad?

3 ¿Cuál de los siguientes objetos es elástico?

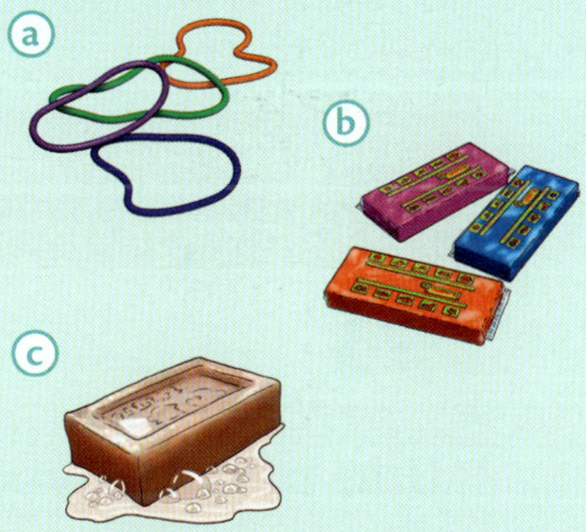

4 Piensa en un invento relacionado con la medicina que te parezca importante. Investiga cómo funciona y explica cómo puede mejorar tu vida.

5 Escribe en tu cuaderno con un lápiz la palabra *material*. Observa que la punta del lápiz se deforma y cambia su movimiento mientras escribes. ¿Por qué?

AMPLÍA tu mirada

¿Casas de barro?

En algunos lugares se construyen edificios con ladrillos de adobe. Estos ladrillos se elaboran mezclando barro con paja y, a veces, ¡hasta con pelo de caballo o estiércol!

El adobe es un aislante térmico estupendo. También es un sistema barato y respetuoso con el medioambiente, aunque no resiste demasiado bien la lluvia y los terremotos.

¿Qué propiedades específicas de la materia conoces?

Un material que no se ve

Unos científicos japoneses han fabricado una capa como la que usaba Harry Potter para caminar por los pasillos de su colegio sin que nadie le viera.

¡Sí! ¡Una capa de invisibilidad! ¿Te imaginas? ¡La de goles que se podrían meter con ella puesta!

¿Cuál es la propiedad de los materiales que dejan pasar toda la luz?

Una fuerza a veces fastidiosa

Entre los cambios que experimenta tu cuerpo, seguro que el de la caída al suelo es de los que menos gracia te hace. ¿Y por qué no podemos quedarnos suspendidos en el aire como los astronautas en el espacio?

La causa de nuestras dolorosas caídas es la atracción que ejerce la Tierra sobre nosotros. Esa fuerza, llamada *gravedad*, tira de nosotros hacia abajo y mantiene nuestros pies pegados al suelo.

¿Qué tipo de fuerza es la gravedad?

Moda ecológica

Seguro que sabes que los envases de plástico que usamos a diario pueden transformarse en nuevos envases; por eso es tan importante reciclarlos. Pero ¿sabías que se pueden transformar en muchas cosas más?

Algunas fábricas han sido capaces de reutilizar estos plásticos para confeccionar ropa. ¡El plástico de las botellas se puede transformar en hilos!

¿Qué otros materiales conoces?

Música de la basura

¿Sabes que en Sudamérica hay varias orquestas que tocan instrumentos, como guitarras o violines, construidos con materiales recogidos de los basureros?

¡Y suenan estupendamente!

¿Hay algún material que recicles en tu casa?

Impresoras para medicina

¿Te imaginas imprimir una mano en 3D y que, además, pudiera sustituir a una mano auténtica? A lo mejor has oído hablar de las impresoras 3D. Son unas máquinas capaces de fabricar piezas, generalmente de plástico, a partir de diseños realizados mediante programas informáticos.

Las posibilidades que abren estas máquinas son inmensas, especialmente en medicina, pues facilitan la fabricación de prótesis y órganos compatibles con el organismo.

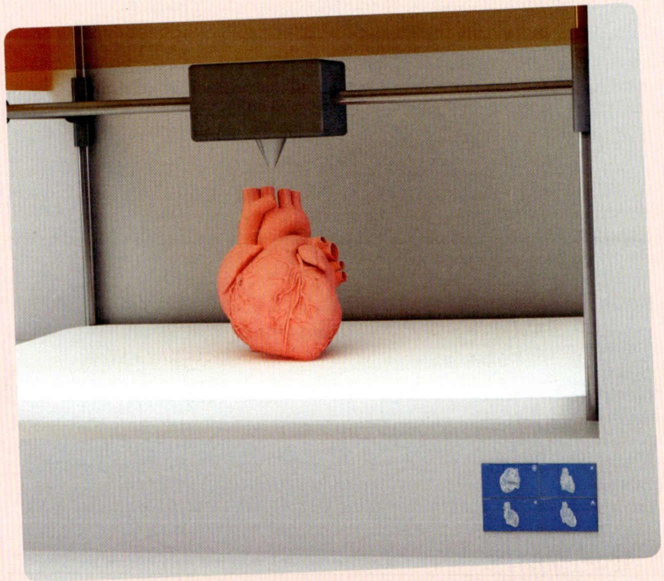

¿Qué tipo de máquina es una impresora 3D?

El libro **Ciencias de la Naturaleza para 4.º de Primaria** forma parte del Proyecto Editorial de Educación Primaria de SM. En su realización ha participado el siguiente equipo:

Autoría
Alicia Soria, Alberto Navarro, Sergio López y Equipo Editorial SM
Adela Fernández, Irene González, M.ª Carmen Núñez, M.ª Mar Pérez, Manuel Mesegar (comprensión lectora)

Edición
Mireia Casaus, Alicia Mas, Marina Otero, Ángel Rubio, Fernando Sáez, Esther Sánchez

Asesoría pedagógica y científica
José G. López de Guereñu

Asesoría en comprensión lectora
Pilar Pérez Esteve

Corrección
Alejandro Feijóo y José María Carmona

Ilustración
Alejandro Mesa (cubierta); Suri; Eduardo Rodríguez Marín; Nicolás Fernández Prímola; Marta Costa Virgili; Daniel Cruz Ruiz; Diego Pérez; Félix Moreno Arrastio; Ariel Alejandro Gómez; José Santos González; Guillermo Berdugo Garvía; Jordi Villaverde Alomar; Gema García Ingelmo; Alberto García Ayerbe; Antonio Muñoz Tenllado; Ricard Zaplana Ruiz; Beatriz Iglesias Ortiz; Alberto Belmonte Luque; Jesús Delgado; Jordi Viladoms; David Garrido García; Jorge Galán Liquete; M.ª Ángeles Aznar Medina; Marta Chicote Juiz; Luis Doyague; Alya Mark; Dani; Jacobo Muñiz López; Sebastià Serra Bonilla; Imma Itxart Ros; María José García Simavilla; Ona Caussa Rius; Germán Tejerina Martínez; Nuria Hernández Pintor; Jesús Huguet; Pablo García Nieto; Jesús Aguado Gutiérrez; Mr Klaus Studio S. L.; Ángel Ovejero Sánchez; Espiadimonis; Javier Vázquez Martínez de Pinillos; Esther Diana García; Arianeta; José Luis Navarro García; Luis Mosquera Arancibia; Juan Manuel Montiel Rodríguez; Tesa González; Roberta Bridda; Sara Mateos Orejana; El Bello Quebrado / Pelorroto; Archivo SM

Fotografía
Montse Fontich / Archivo SM; Batuque, Luckynick / Dreamstime; EFE; Thinkstock; CORDON PRESS; 123RF; Shutterstock; iStock; Age Fotostock; Achivo SM

Edición gráfica
Sergio Cuesta y Verónica Matilla

Diseño de cubierta e interiores
Estudio SM

Coordinación editorial de Ciencias
Laura Pérez

Coordinación transversal del proyecto
Nuria Corredera, Mara Mañas y Nuria Vallina

Dirección de Arte del proyecto
Mario Dequel y Antonio de Pedro

Dirección editorial
Aída Moya

Todas las actividades contenidas en este libro han de ser realizadas en un cuaderno aparte, nunca en el propio libro.
Los espacios incluidos son meramente indicativos y su finalidad es puramente didáctica.

Igualdad de género
En SM utilizamos el masculino genérico, según las directrices académicas establecidas, para evitar textos excesivamente artificiosos y difíciles de entender. Con el fin de agilizar la lectura, utilizamos nombres de género común, y recurrimos a la duplicidad masculino/femenino cuando pueda producirse ambigüedad en el mensaje. En este último caso, equilibramos el uso de ambos géneros y evitamos estereotipos.

Así mismo, siguiendo la orientación de Ana López-Navajas, experta en igualdad de género, en Más Savia damos visibilidad a las mujeres desde diferentes perspectivas: ofrecemos una imagen ajustada y equitativa de todas las áreas del saber para construir un recorrido histórico sin sesgo de género, ofreciendo modelos históricos y culturales femeninos para transmitir una cultura participada por ambos sexos; identificamos el papel, impulsor de progreso social, que han tenido las mujeres anónimas en la intrahistoria; y ofrecemos referentes profesionales y experiencias vitales que rompen con una visión limitada de las vocaciones, aficiones y sensibilidades al no asociarlas con un género concreto.

Gestión de las direcciones electrónicas
Debido a la naturaleza dinámica de Internet, SM no puede responsabilizarse de los cambios o las modificaciones en las direcciones y los contenidos de los sitios web a los que remite en este libro.

Con el objeto de garantizar la adecuación de las direcciones electrónicas de esta publicación, SM emplea un sistema de gestión que redirecciona las URL que, con fines educativos, aparecen en la misma hacia diversas páginas web; entre otras de uso frecuente: https://es.wikipedia.org, www.youtube.es. SM declina cualquier responsabilidad por los contenidos o la información que pudieran albergar, sin perjuicio de adoptar de forma inmediata las medidas necesarias para evitar el acceso desde las URL de esta publicación a dichas páginas web en cuanto tenga constancia de que pudieran alojar contenidos ilícitos o inapropiados. Para garantizar este sistema de control es recomendable que el profesorado compruebe con antelación las direcciones relacionadas y que comunique a la editorial cualquier incidencia a través del correo electrónico ediciones@grupo-sm.com.

ISBN: 978-84-9182-220-2
Depósito legal: M-5464-2019
Impreso en la UE / *Printed in EU*

fundación sm

La Fundación SM destina los beneficios de las empresas SM a programas culturales y educativos, con especial atención a los colectivos más desfavorecidos.

Si quieres saber más sobre los programas de la Fundación SM, entra en **www.fundacion-sm.org**

Este libro está impreso en papel procedente de bosques gestionados de manera sostenible.